从放牛娃到跨国公司CEO

我的英语成长历练之路

欧阳丽娟 / 著

北京日报出版社

图书在版编目（CIP）数据

从放牛娃到跨国公司 CEO : 我的英语成长历练之路 / 欧阳丽娟著 . -- 北京 : 北京日报出版社 , 2019.12
ISBN 978-7-5477-3572-5

Ⅰ. ①从… Ⅱ. ①欧… Ⅲ. ①英语—学习方法 Ⅳ. ① H319.3

中国版本图书馆 CIP 数据核字 (2019) 第 270031 号

从放牛娃到跨国公司 CEO

出版发行： 北京日报出版社
地　　址： 北京市东城区东单三条 8–16 号东方广场东配楼四层
邮　　编： 100005
电　　话： 发行部：（010）65255876
总编室：（010）65252135
印　　刷： 北京广达印刷有限公司
经　　销： 各地新华书店
版　　次： 2019 年 12 月第 1 版
2019 年 12 月第 1 次印刷
开　　本： 710 毫米 ×1000 毫米　1/16
印　　张： 15.75
字　　数： 200 千字
定　　价： 58.00 元

推荐序
preface

学好英语是件很难的事情，虽然有很多的人把英语学好了，虽然有很多书很多机构也在用很多方法在教人学英语，但对每个想学英语的人而言依然非常困惑，不知道自己如何才能够拥有一口流利的英语。

创业和经营企业也是件很难的事情，虽然有很多的人把企业经营好了，也有很多书很多机构在教人如何创业、经营、管理，但对每个企业经营者而言依然面临非常多的困惑。

在我看来，创业是一门学问，学英语同样是一门学问，掌握学问最好的方法是选择一个学派或者一个师傅，然后坚持下去。

记得胡适在《四十自述》的前言中讲过，他劝过很多他的朋友们写自传，他认为已经成功的人有必要也有义务把自己的经历写出来，让后来的年轻人参照。遗憾的是他很多朋友以为自己还年轻不着急写，结果诸如朱觉民等不幸英年早逝没能留下自传。

我非常认同胡适先生的观点，学先进是一种很有效的学习方法。

欧阳丽娟是我北京大学的小师妹，我认识她是在中央广播电视总台财经频道《创业英雄汇》的舞台上，我当时是评委会主席，她是参赛者，其一上台就吸引了全场的目光，她的沉稳、逻辑性、优雅气质给大家留下了深刻的印象。

欧阳丽娟这本书好就好在既告诉了你一个放牛娃如何成长为跨国公司的CEO，也告诉你在这个过程中她自己是如何学习英语的，以及总结出来的学英语的方法，所以想学英语的人应该读，想创业的人也应该读，向大家推荐，真诚的。

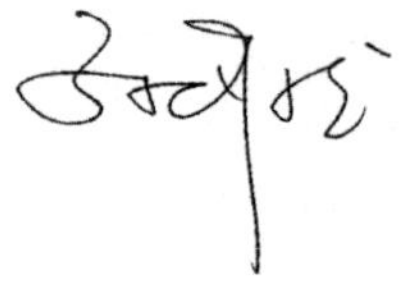

拉卡拉集团　创始人

昆仑堂体系型商学院　创始人

《创业36条军规》《有效管理的5大兵法》作者

2019年11月　于北京

目录
Contents

第一部分　经验分享篇

第二部分　教育感悟篇

第三部分　学习利器篇

第一部分

经验分享篇

↙ 第一章
在变与不变中绽放青春

至今，我已经与英语结缘20年有余，现在也以此为事业。回顾往昔，有辛酸也有欢乐。20年来，我最感激的就是英语。英语改变了我的命运，让我从农村放牛娃成为跨国公司的CEO；英语让我有了想倾注激情的事业，我要用我的理论和经验让更多孩子拥有更多可能。

一、不服输的放牛娃

人类社会进入 21 世纪以来，经济全球化的脚步越来越快，中西文化的交流越来越密切。英语作为一门世界性语言，对孩子未来的发展至关重要。孩子只有学好英语，将来才能更好地适应全球化的脚步、积极拥抱世界。我本身也是通过英语改变命运的一个人。

从农村放牛娃，到中国矿业大学工业与民用建筑专业的一名工科女，再到北大光华管理学院 MBA 硕士到美国西雅图华盛顿大学交换生，再到如今有着 12 年少儿英语培训行业经验的跨国公司 CEO，在人生的每个关键阶段，英语学习都成为我一个又一个梦想的支点。

➘ 考入省重点中学

在远赴北京求学和创业之前，我在江西省宜春市宜丰县度过了人生前 18 年的时光。宜丰县是个山清水秀的地方，我在这里出生，在这里成长，在这里逐梦，在这里和英语结下了不解之缘。

南方的山水孕育出的大多是标准的柔弱型江南女子，从外表上看我亦是如此。但在柔弱的外表下，我却有着不服输的强硬个性。

从小就勤奋好学的我，小学五年级时便以优异的成绩考入了县城中学。当时，我们县城中学作为江西省重点中学，每年都会向全县招收尖子生，共60个名额，20个来自于各个乡镇，40个来自于县城户口，男女生招收比例是2 ∶ 1。

这些招收条件对于我这个来自农村的女生而言是极其不利的，因此参加这场考试对我来说是一次不小的挑战。幸运的是，我最终不负众望，凭借扎实的基本功考入了县城中学。当时，我们小学那一届一共考上了3个人，我是其中一个，还有两个是邻村的男生。

虽然取得了好成绩，但欢喜中也夹杂着些许遗憾。我们的村小并不教英语，那时候的英语教育不像现在这样受到大家重视。要知道现在在孩子还未出生时，有些家长就开始进行一些关于英语的胎教了。我那时是步入初中后才开始正式学习英语。

由于学英语起步较晚，很多思维性的东西在大脑中都已成型，肌肉记忆也固化了，肌肉的条件反射已经很难形成，因此刚开始学英语时很吃力，总是找不到感觉，导致我的英语成绩明显落后于其他同学。记得那时因为害怕被老师和同学嘲笑，所以我从来不敢在课堂上开口说英语，更不敢主动回答老师的问题。

少年便识愁滋味。小学时，自己的学习成绩一直名列前茅，到了初中怎么就落后于人了呢？这让我产生了巨大的心理落差。

对于我这个农村放牛娃来说，要想改变命运，最好的路径就是学习。而英语作为三大主科之一，必然不能落下。学好英语，这不仅仅关乎考试，更是关乎命运的角逐。

对于现在的孩子来说，英语的重要性更加明确。英语是帮助孩子走向世界的一把利器，是孩子与世界沟通的桥梁。只有掌握了英语这门语言，孩子才能更好地实现跨文化交流。

于是，为了提高英语水平，不服输的我很快便调整好心态，开始主动出击。

➘一人一书一牛

“学习改变命运”，对城市孩子来说也许只是一句标语，但对农村孩子来说却是拼命学习的原动力。

为提高英语水平，初一放暑假时我带了英语书回去，每天都挤出时间来学习，因为那时在家我经常需要帮父母干一些农活，还要放牛、割草。

有时候，你会在田野上看到一个对着一头牛大声朗诵英语的女孩儿，那个人就是我。一望无垠的稻田就是我放声朗读的“自习室”，而牛就是我最好的听众和同学。从那时起，我便和英语结下了不解之缘。

回忆年少放牛时，青山绿草间，一人一书一牛……

假期的学习时间非常宝贵，我丝毫不敢懈怠。当村里的小伙伴去外面玩耍时，我在对着牛读英语；当爸爸妈妈去逛集市时，我在对着牛读英语；当城里的同学去旅游时，我在对着牛读英语。我把我的整个假期时光都奉献给了我从小养到大的这头牛和初中英语课本。

古有李密牛角挂书，他不甘心潦倒一生，于是一边放牛一边发奋读《汉书》；今有女孩儿对牛朗读，因不甘心英语水平落后于人，于是一边放牛一边大声读英语。

一边放牛一边读英语，听上去似乎是一件不太靠谱的事情。但其实，对着牛朗读英语有一个很大的好处，就是牛不会对我的发音有任何正面或负面的评价，我不用担心自己读错了会受到老师的指责和同学的嘲笑。

要想学好英语，建立自信是关键。如果自信心坍塌了，孩子又怎么敢大胆地开口说英语呢？在现代英语教育中，很多家长常常抱怨自己的孩子总是在被动地学习英语，而最后沦为“哑巴英语”的“受害者”。这往往就是由于孩子缺乏自信而导致的。

在孩子学习英语时，家长不妨也为孩子找一个像牛一样的“倾听者”，这样的“倾听者”不会过多地干扰孩子，能够帮助孩子树立英语学习信心，增强学习英语的积极性，从而切实地提高英语语言能力。

苦心人，天不负。假期过后，我的英语成绩一跃成为班里前几名，后来我还成为学校“英语角”主角。自此之后，我变得更加自信、更加愿意去说英语了。

高中时，我同样也很重视阅读的积累，我每天都会坚持读书虫系列的双语口袋书。此外，老师还给我们订了很多英文周刊和其他辅助材料，保证了我们的阅读量。后来，我渐渐地觉得英语考试没有那么难了。当时，月考、期中考试、期末考试都要排名，每次排名我基本上都是年级前十。

不服输的个性，让我从英语落后于人成为学校“英语角”的主角；对英语的热爱，让我从放牛娃成为一名大学生。2000 年，出身于江西农村的我怀着紧张又期待的心情走进了高考考场，并以 140 分的英语高分考入了中国矿业大学。至此，我的大学生涯得以开启，我的人生也翻开了新的篇章。

二、工科女的英语梦

我虽然不是英语专业毕业，但是英语学习一直贯穿在我的生命中。

从上大学至今 20 年来，我最感激的就是英语。英语成就了我的大学梦，把我的青春梦想点燃；英语成就了我今天的事业梦，让我从一个放牛娃成为一个跨国公司的 CEO。

➘ 梦想因英语而生

在大学生活中，英语给予我很多力量和光环。大学的第一年，我就通过了英语四级、六级考试；第二年，我就成为北京海淀区的金牌英语辅导老师；第三年，我被破格聘请为解放军艺术学院（即现在的国防大学军事文化学院）的英语老师。

英语改变了我的命运，我要用英语帮助更多人改变命运。

怀着这样的初心，大学毕业后，我毅然决然地放弃了房地产公司工程师高薪职位，凭借良好的英语水平，进入对外经济贸易大学当了一名英语老师。在这里，我接触到了很多的国外留学生和外教老师，也深刻体会到了西方的教学模式和方法。

当时，经常有哈佛、耶鲁等外国知名大学的教授来中国做项目讲座。当外国老师教课时，课堂气氛异常活跃，学生也特别勇于发言。当时我就想，如果中国孩子能够跟外国老师练习口语，一定是一个很棒的学习机会，于是就萌生了创业的想法。

英语让我有了可以倾注自己激情的事业。我希望能够把自己多年的英语学习经验和从教经验传授给更多人，改变中国传统的英语学习模式，帮助孩子实现梦想，让更多孩子面对未来有更多的选择机会。

不可否认，当下有些英语培训机构，过于注重孩子的应试教育，而忽略了孩子英语应用能力的培养，互动体验性也不够。同时，在资本的裹挟下，有的机构片面追求效益，快速收割人口红利，缺乏对教学产品的打磨和学习环境的研究。

我希望给孩子创造一个高效运用英语的优质环境，让孩子多了解和接触外面的世界，帮助孩子建立真正的英语思维，让孩子拥有一口地道纯正的英语，同时使孩子的思维模式变得更加多元化，让孩子的人生观得到再塑造。

我希望我用心打磨的产品可以帮助到更多的孩子，让孩子能够用英语来探索文学诗歌，用行动来感受语言的快乐；用英语来探索科学艺术，用行动来感受世界的精彩；用英语来探索不同的场景，用行动来感受生活的美好。

从工科女到跨国公司 CEO

2007 年，中国举办奥运会前夕，有以前的学生找到我，让我帮他们找外国老师上课。当时国内的外教数量十分有限，我认为外教授课会有很好的市场。于是，爱折腾的我辞职创立了外教中国（Sinowj），专注于少儿英语培训。

工科出身的我，利用自己的专业优势建立了一个网站，将在对外经济贸易大学积累的外教资源都整合到这个网站上，并自己做网页推广，以“外教中国”为关键词在搜索引擎做推广，迅速打开了局面，吸引了很多人前来预约学习。

但是，创业的过程从来不是一帆风顺的。创业初期，我受到一位中介机构老板的帮助，她是一位60岁左右的北京老太太。创业伊始，只有我、老太太和一个大学刚毕业的实习生三个人。这是创业的一个雏形。

在经营过程中，我和老太太出现了严重的价值观冲突。我希望求变，寻找一种新的经营管理模式，比如采取扩张战略，去引进一些资本。但是，老太太希望求稳，小富即安，在运营方面不太敢冒险。

经过种种努力，我发现这一冲突是不可调和的。于是在2009年，我顶着巨大的压力退出了这个自己一手创办起来的机构，开始“另起炉灶”，创办了新诺（CinoStar）。

第二次创业我并没有操之过急。为了学习到新的教学模式、教育理念，我决定走出国门“取经”。2012年我去美国待了一个月，主要考察了当地小学和中学的教育。在此期间，我主要进行了两个方面的思考，一个是产品方面，一个是运营方面。

目前，新诺旗下有CinoStar线上美国课堂、CinoStar新诺国际少儿英语、Sinowj外教中国三大品牌。在产品方面，美国教育是分层级的，一套教材针对美国本土的孩子、英国的孩子、英语为第二语言的孩子有三种不同的教法。通过考察，我意识到大部分中国孩子比较适合第三套语言学习体系，也就是不在英语环境下学习的孩子。

在运营方面，我深知，要想经营好一个企业，除了要具备专业知识，还必须具备强大的管理能力。2014年，我考入北京大学光华管理学院攻读

MBA 课程。其间，我系统地学习了组织力、组织变革、领导力、财务模型、商业模拟等知识，从理论上对商业化的东西有了一个更深的认识，整个人的格局也被放大了。

创业初期，新诺并没有完整的教学体系，更多的是个性化，即客户想学什么就上什么课程。2014 年，我决定把产品聚焦在 3~12 岁的少儿英语这一领域，从教研、培训、教学、管理、教材体系等各个方面，全部形成标准化体系。

其间，我带着我的团队做了竞品调研分析。之后发现，第一，不能用纯外教教学，外教可以提供语言环境，但是并不真正懂中国孩子，而且跨国文化的管理难度，也必然对学员持续学习带来一定的不稳定因素。第二，不能选取纯美国的教材，因为落地比较难。因此我们选取了除了学习语言之外，还能够提供对人的智能和素养的发展的英语教学系统——打造以素质教育为入口，演讲运用应试等能力为出口的适合中国孩子的英语教学系统

实现了系统标准化后，我没有急着扩张，而是用了 3 年时间去打磨，逐渐形成了自己的产品体系、教学体系和运营体系。

在当前的市场环境下，资本的逐利性驱使一些人急于追求经济利益，而缺乏对教学产品的打磨。但教育从来不是一个快活儿，每一种教育方法都有其适应的人群，如何真正落地实施，是需要时间积累的。

如今，新诺的核心运营、市场和教研团队在本行业都拥有丰富的经验。经过数年的磨合和锤炼，新诺的管理团队配合密切，拥有超强的执行力和团队合作精神，打造出了众多优质的教学产品。近两年来，新诺成为行业内校区规模数量增长最快的公司之一。

从工科女到跨国公司 CEO，我实现了自己的人生价值，更是一次次完成了自己的跨界蜕变。

这些平凡的履历和苦难的磨砺，给予我认识生活本质的智慧，更赋予我追求梦想的力量，时刻鞭策着我不畏挑战、不忘初心、不断前行、不断进步。

未来，我将继续坚守教育本质，为孩子的腾飞助力。

三、潜心育人十二载

1982 年出生于江西农村的我，凭着狠劲和韧劲，硬是在英语教育行业闯出了自己的一片天。2007 年创业至今，我已在少儿英语培训行业深耕 12 年。

回忆青春岁月，我有些骄傲，也有些惆怅。80 后靠拼命还是能改变命运的，但现在的孩子面临的竞争更加激烈，仅靠个人努力已经远远不够了。如今，在全球化的时代背景下，我更加深深懂得，英语对孩子来说到底意味着什么。

因此，从创业以来，我始终怀着“让更多孩子拥有更多可能”的教育初心，面对困难不浮躁，不断对教学产品和课程体系进行精心打磨，致力于把新诺打造成一家“更适合中国孩子英语学习规律的英语培训机构”。多年以来，新诺也一直在“助力孩子腾飞”上发挥着价值。

做教育，只走品质路

“学了 20 多年英语”“专注英语培训 12 年”“亲自教过的学生至少有

10万名”“国际家庭”……正是因为这些标签，我太知道中国孩子该怎么学英语了！

所有这些独特的背景和经历，让我深刻理解了西方英语教育在中国孩子身上的不适应，也锤炼出了我对中国孩子在英语学习上的深刻洞察力。

2014年，我将CinoStar新诺国际少儿英语作为拳头产品重磅推出。这一产品主要面对3～12岁的少儿群体，采用“深度绘本导读+外教高频互动+家长教师课下协同+自学辅助软件”的沉浸式体系，将中式“强基础”和西式“多实战”的优势、软硬件的特长、家长和教师的互动统一起来。

这种教育模式强调深度阅读，能够切实地帮助中国孩子建立英语思维和提高英语语言能力，告别其他机构“灌”出来的只会聊天、没有思想的肤浅英语。此外，新诺还根据孩子生理认知的发展将音乐、运动、创意、美工等有机地融入到课程体系中，让孩子通过外向展示进行英语输出。

之后，我积极拓展线下业务，带领新诺迅速在全国完成了200个校区的布局。其中直营校30多家，加盟校近200家，辐射全国32个省市区，续课率也达到了80%。

校区虽多，但新诺一路走来有着自己的特色与体系。新诺建立了很多区域中心，如北京、杭州、成都等，根据不同区域的特点，各个校区的重心也不同。像北京等一线城市的校区会更注重与国际化接轨，二三线城市的校区则更注重与国内的应试教育接轨，同时培养孩子运用语言的能力。每个城市不同，每个孩子不同，遇到的问题也不同，幸运的是，经过对产品的不断打磨，我们走出了自己的差异化之路。

据公开数据显示，2018年我国在线少儿英语培训行业市场规模达300多亿元，2019年预计将会接近400亿元。在巨大的市场蛋糕诱惑下，众多在线英语教育机构纷纷入场，想抢占商机，从中分得一杯羹。

面对一窝蜂争抢少儿英语线上培训行业市场的行业乱相，我认为玩家最后一定让位给专家。我深信，线下是根基，线上可以作为学习补充和部分环节资源以及效率提升。培训行业竞争到最后一定比拼的是教学效果。体验、场景、口碑这些线下优势才是核心。

做实线下业务后，2017 年新诺在实体校区的基础上开始布局线上业务。这主要是出于两方面考虑：一是方便用户的教学，不用每次上课都去实体校区；二是提升实体校区的场地利用率，增加排课率。

为此，新诺实时推出了“CinoStar 在线美国课堂”，整合拥有教师资格证的北美外教和英语八级的中教形成强强联合的明星项目组，让孩子在深度阅读的基础之上，能够与外教进行高频实战互动。这款线上产品，是专门为中国孩子量身打造的一对四模式，更重视孩子与孩子之间的互动场景。

此外，我还带领新诺开发完成了智能教学应用 APP，上线了 AR 直播，建立起了智能题库，实现了英语专家 24 小时的贴身陪伴。家长或孩子还可以通过这款 APP 对老师一对一的互动进行打分，可以帮助我们监督老师是否把服务做到位了，确保教学质量。

如今，新诺已经完成了“线上 + 线下”全融合、“中教外教”全契合、“智能软硬件”全结合的立体式教学模式。线下绘本阅读、演出比赛等活动为孩子创造语言环境，线上动画教学、直播等形式让孩子能够高频地接触到英语学习环境。这种教学模式让孩子全方位地接触英语、学习英语，其优势已经在一线城市得到了充分的展现。现在，我正在将这种教学模式积极下沉到三四线城市，让这些城市的孩子也能拥有更多优质的英语学习资源。

连接孩子，赋能未来

经过 12 年的打磨，新诺目前已形成了 CinoStar 新诺国际少儿英语、Sinowj 外教中国、CinoStar 线上美国课堂等三大体系产品。服务已触达全国

32个省市区，学员达10万以上，拥有100多家实体校区。所有校区运营状况良好，且呈爆发式增长趋势。

我坚信，我用心打磨的产品一定能够帮助到那些有需求的孩子。事实证明，每个在新诺学习的孩子都能有所收获，都能拥有超强的英语语言能力和自信灿烂的笑容。

目前，新诺已经培育出了众多优秀学员，很多孩子都通过新诺实现了自己的梦想，走向了人生的新阶段。

小凯是来自外教中国海淀校区的一名优秀小学员，他2017年6月入学，跟随外教中国学习一年多后，6岁就已经有了小学生同等二年级级别的水平。刚入学的时候，他的口语基础还不错，可是仍然遇到了学习拼读中无法独立拼读的困难，句子表达不流畅，单词记不住。在外教Nick的耐心引导和指导下，如今的他不仅可以拼读单词，还可以拼写单词、阅读小故事，学习行为也越来越规范。

文涛在外教中国学习半年后，同时被华盛顿大学和密歇根大学录取。他由在外教中国亚运村校区任职3年的加拿大Aaron老师教学，Aaron老师毕业于英国排名前20的学校，拥有国际认证的TESOL证书，秉承认真负责的教育教学态度，曾成功帮助多名学生顺利完成出国留学考试。

小丽是一位已经在外教中国学习7年的老学员，从Beginner到Public Primary School到BCIS-SSAT再到托福。现在，外教中国老师正在帮她挑选适合留学的美国学校。托福满分120分，小丽考了113分。从英语零基础到一次性通过国际考试，离不开其自己的努力，同样也有外教中国老师的辛勤付出。

在外教中国还有这样一位学员，2013年入学，2015年出国留学，至今为止每年的寒暑假都要回来上课。还有两位传奇学员，英语零基础的他们用半年时间成功考入西班牙的一所国际学校，现在这两位学员已经在西班牙就读。

新诺用心做英语教育，致力于让每一个中国孩子学好英语，掌握英语。

自创立以来，新诺始终传承 1916 年成立的美国教师协会 AFT 教育理念，并携手国际教育出版巨头 McGraw-hill 打造线下 + 线上美国互动英语课堂。全球三大教研教学基地 CinoStar（英国）、CinoStar（美国）、CinoStar（中国）为学生提供全球最优的教育资源，培养国际化人才。

未来，无论行业如何变化，教育的本质不会变，我的初心不会变。虽然新诺大多数学员年龄尚小，但真正带给他们的改变已经开始。新诺将做最适合中国孩子英语学习规律的培训机构，陪伴孩子们的成长。

从幼儿启蒙到将来走向世界，新诺将为中国孩子的英语学习做出最科学的规划和最详尽的指导，尽全力为中国孩子的未来保驾护航。

连接孩子，赋能未来，新诺正全新出发。

第二章 我的英语学习经验谈

为何要学英语？对于农村出身的我来说，中学时自己的认知程度不足，当时学英语更多的是为了不被同学和老师嘲笑，为了改变自己的命运。但是，我们学英语仅仅是为了如此吗？本章我将结合我的英语学习经验来探讨一下我们为什么要学英语及如何规划等问题。

一、为什么要学英语

为什么要学英语？小时候的我只是农村的一个放牛娃，认知能力不足，那时候自己并没有意识到学英语的真正价值是什么。我学英语更多的是为了维护自己的自尊心，不被同学和老师嘲笑；为了升学和就业，改变自己的命运。为此，我在英语上付出了大量的时间和精力。

但是，学英语仅仅是为了改变命运吗？如果只是为了这一功利性的目的而学，我们很难在英语这条路上走得长远。随着年龄的增长和对英语学习的深入，我越来越感觉到英语对人的塑造作用。英语学习不仅仅改变了我的命运，更打开了我的思维认知，塑造了我的人格。

我们做任何事情，都要回归原点，都要知道为什么而出发。教育孩子更是如此。

至今，我已经学了 20 多年英语，在英语教育行业也已经深耕 12 年。根据我多年的英语学习经验和教学经验，我认为孩子学英语主要有 4 个层次的原因。作为家长，我们应该将“塑造人格，树立正确的价值观”作为最高培养目标，不仅要培养孩子的英语应试能力，更要着力培养孩子的英语综合素养。

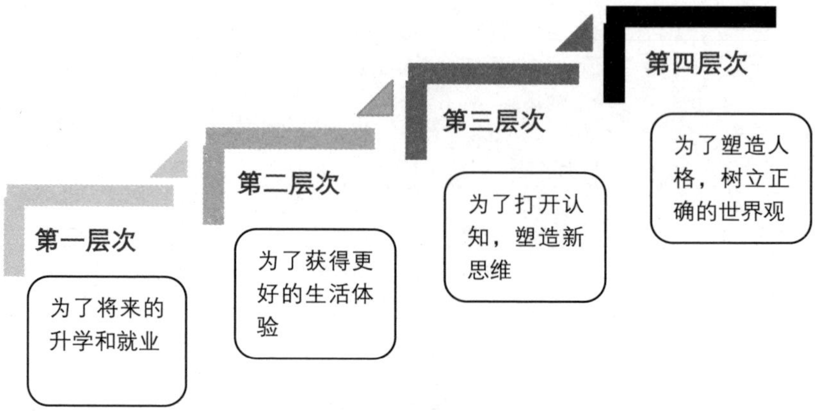

图 2-1　孩子必须学英语的原因

第一层次：为了将来的升学和就业

现代社会，父母都非常重视孩子的英语教育。然而，究竟为什么要让孩子学英语？大多数父母没有对此进行过深入的思考，认为孩子学英语只是为了满足升学和工作的需要。于是，为了达成这一目标，很多父母都只注重培养孩子的英语应试能力，而忽视了综合应用能力的培养。

初中时，我也以此为学习目标，为了应付考试而学，为了改变命运而学。我的父母也常常对我说："你学好英语，将来才能考上好大学、找到好工作。"不可否认，很多普通家庭的孩子都是通过应试教育迈入了理想学府，实现了人生追求。

以此为目标无可厚非，但是，如果我们认为孩子学英语仅仅是为了应付考试，仅仅为了学而学，那么这并不会成为孩子学英语的动力，学习也不会真正地发生。也就是说，孩子学英语的目的不能仅仅停留在这一功利性的层面上，这种目的会给孩子带来很大的压力，扼杀孩子的英语学习兴趣。

➘ 第二层次：为了获得更好的生活体验

英语作为世界性的语言，是孩子与世界沟通的桥梁。学好英语，孩子在面对来自不同国家的小朋友时，就不会因为不会说对方的语言而怯懦，才能大方地与他们沟通交流，与他们一起玩耍，才能更准确地表达自己的真心，收获真正的朋友。

刚上中学时，我是一个性格内向、十分腼腆的人。因为英语很差，所以我从来不敢在课堂上用英语回答问题、也不敢去参加学校的“英语角”活动。后来我利用假期时间努力学习，英语水平有了很大的提高。之后，我变得越来越开朗自信，并逐渐成为学校的风云人物、“英语角”永远的主角。

除此之外，我还获得了其他更好的体验。在阅读英文原著时，我能够摆脱中文翻译，直接准确地理解作者想要表达的思想；在出国考察时，我能够摆脱翻译软件，做自己的翻译官，更好地进行学术交流。

在这一层次，英语作为一种交流沟通的工具和生活的技能，为我带来了更好的生活体验。

➘ 第三层次：为了打开认知，塑造新思维

语言是思维的产物，同时我们的思维也会反过来被语言所影响和塑造。语言不同，思考问题的角度和表达方式都有很大的区别。

例如，汉语注重抽象和整体认识，只要能表达出相应的意思，词语和句子的形式有时候无关紧要；英语侧重于理性和逻辑，有着规范清晰的词形和时态变化。又如，我们中国人习惯把姓放在前面，把名放在后面；说英语的人则习惯把名字放在姓的前面。再如，汉语按照时间顺序描述问题，强调事物发展的过程；英语则按照事情的重要程度描述问题，强调结果和

效率。

在我看来，语言具有超过沟通本身的功能，会潜移默化地影响孩子的思维方式。在语言规律里，民族习惯、文化背景、思维方式无处不在。所以，学习语言，从来不是学习语言本身，而是学习一种完全不同的思维方式。思维方式的差异往往决定着人生格局。多一种思维方式，就多一种人生可能。

第四层次：为了塑造人格，树立正确的世界观

20 世纪最有影响力的哲学家之一维特根斯坦曾说："语言的限制就是对我的世界的限制。"世界很大，需要孩子用一生去探索和发现。各种各样的语言，就是孩子打开通往不同世界大门的钥匙。

语言作为一种通道和途径，连接的是它背后的世界和文化。学好一门语言，孩子才能进入一个新的世界，发现更深层次的价值，感悟世界多元文化的魅力，了解不同的文化差异对人的影响。在感知的同时，孩子也能够学会包容与接纳，塑造健康的人格，树立正确的世界观。

英语作为全球使用最广泛的语言之一，是孩子了解新世界的重要工具。学好英语，孩子才能获得更多的发展机会，学习更多世界先进的科学文化知识，更新思维方式，形成正确的人生观和世界观。

根据我多年的英语学习经验和教学经验，我发现目标层次越高的孩子，英语水平越高，英语带给他的改变也就越大。作为父母，我们在教孩子学英语时必须懂得为什么而出发，将来要去往哪里，帮助孩子树立正确的学习目标。

二、学习英语要趁早

在 20 世纪 80 年代的农村，英语教育并不像现在这样被人们重视。我的父母没有给我做过英语启蒙教育，我们村小学也不教英语。因此，从小就学习成绩优异的我，到了初中却遇到了一个大难题——英语学不会。

由于英语起步较晚，这直接导致我的英语水平落后于其他同学，学习起来也十分费力。虽然通过后期努力，我的英语水平得到了提升，但是这个过程充满了艰辛。

其实，语言学习是有黄金期的。每个孩子都有超凡的语言天赋，只是需要家长去及时挖掘和激发。一旦错过了语言学习的黄金期，孩子的英语学习就会变成一种沉重的负担；若抓住了这段黄金期，孩子的英语学习就能取得事半功倍的效果。

➘ 幼儿学英语的优势

创业至今，我教过的学生已经超过了 10 万名。根据我多年的教学经验，我发现孩子在生长发育过程中，有一个固定的学习语言的黄金年龄段，即3~6岁。孩子在这一年龄段更容易学习语言和接受语言。若错过了这段语言学习的黄金期，孩子学习语言的优势就会消失，这时再学英语就会变得很困难。

有很多家长等到孩子上了初中才发现孩子英语不好，还认为孩子英语学不好是因为不用心学。事实上，孩子之所以学不好英语，一个很重要的原因就在于家长没有抓住孩子学习语言的黄金期。

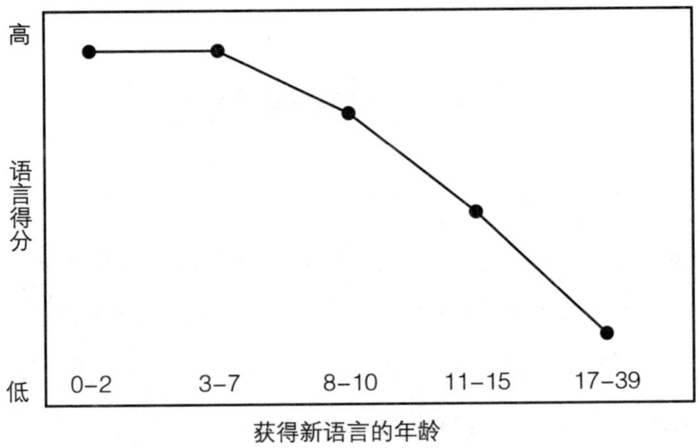

图 2–2　成长关键时期的语言体现

在黄金期内，孩子学习英语能够像学习母语一样轻松自然地习得。具体来说，表现出五大优势。

1. 幼儿心理障碍小

我刚上初中时不敢开口说英语，一个很大的原因就是自尊心太强，怕说错了被人嘲笑。幼儿自尊心没有那么强，心理障碍小，不会因为担心自己说不好而不敢开口。另外，幼儿还不具备分辨能力，在最初接触英语的时候，他们并不会分辨哪一个是母语，哪一个是外语，而是对一切事物都充满了好奇，因而总是能够积极主动地去吸收。

2. 幼儿母语发音尚未定型

上中学时，人的肌肉记忆已经固化了，因此学英语很吃力。幼儿的发音器官尚未发育成熟，口腔肌肉也未定型，具有相当大的弹性，这有利于孩子去学习不同的语言发音。到青春期后，孩子的发音器官就会逐渐稳定下来，此时再学习英语，在发音上就会受到一定的限制。从小训练孩子说英语，有利于孩子形成更加纯正的英语口音。

3. 幼儿记忆力和模仿力强

幼儿时期是孩子记忆力和模仿力最强的时期。在这一阶段，他们能够不断地吸收和模仿自己从各种情境中听到的声音，记住自己看到的影像和图画，并慢慢形成自己的独立意识。因此，越早教育，越有利于孩子语言能力的塑造和培养。

4. 幼儿好奇心强

幼儿时期是孩子好奇心最强烈的时期，也是培养孩子学习兴趣的关键时期。在幼儿阶段，孩子不用面对考试压力，因此家长不必过分要求孩子一定要学会什么，而是采取轻松有趣的方式让孩子持续保持对英语的兴趣。例如，家长可以跟孩子一起做游戏、听英文歌、看英语动画片、读英文绘本等。

5. 幼儿布罗卡氏区最灵敏

幼儿的大脑发育尚不成熟，大脑内分管语言功能的区域——布罗卡氏区，在这个阶段非常活跃灵敏。早期输入的语言会被当作母语直接存储在此，并且可以直接调用。但是，随着年龄的增长，该区域的灵敏性就会逐渐下降。到了 12 岁以后，大多数孩子的运动性语言中枢即说话中枢就会关闭，在这个阶段学习的语言就只能存储在记忆区了。

幼儿阶段是孩子学习英语的黄金期。在这一阶段，孩子的母语思维还没有完全建立起来，此时是帮助孩子建立英语思维的最佳时期。孩子的英语教育要趁早。

走出英语早教误区

如今，80 后、90 后已经成为社会的中坚力量，这两代人大多没有接受过英语启蒙教育，在英语学习上都吃过亏，正如我一样。因此他们晋升为父母后，对孩子的英语教育极为重视。很多家长很早就开始让孩子学英语了，这当然是值得肯定的。

然而，一些家长却存在急功近利的心理，希望孩子在短期内掌握大量的英语知识，这样不仅无法帮助孩子提高英语水平，还会磨灭孩子对英语的兴趣。英语教育要趁早，但更要走对路。在英语教育上，家长必须走出以下误区。

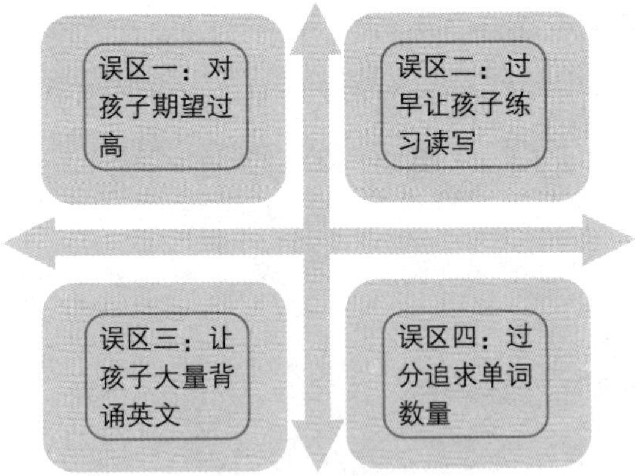

图 2-3　英语早教误区

误区一：对孩子期望过高。

家长让孩子从小学习英语值得肯定，但是要明白英语学习是一个循序渐进的过程，我们不应该对孩子有过高的期望，要求孩子必须达到自己给他们设定的高目标，给孩子太大的压力。家长应该好好利用孩子学习英语的黄金时期，让孩子在玩儿的过程中学英语，让孩子真正体会到学习英语的乐趣。只有当孩子乐意去学习的时候，才会有好的效果。

误区二：过早让孩子练习读写。

语言学家发现，孩子学习外语的最有效方式就是用学习母语的方式学英语。孩子学习母语都是从听说开始的，因此“听、说、读、写”也应是孩子学习英语的正确顺序。也就是说，在学习英语的黄金期，家长应该对孩子进行大量听的输入，而不是让孩子进行逐字逐句翻译。当孩子积累了一定的语音语素之后，再逐步过渡到读写，这样才能避免“哑巴英语”。

误区三：让孩子大量背诵英文。

很多父母小时候学英语的方式往往就是背课文、背句型，这种方式不仅效果差，还会使学英语成为沉重的负担，这也是很多家长当初没有学好英语的主要原因。因此，我们不能把这种错误的方式再运用到孩子的英语教育上。在孩子学习英语的黄金期，家长应该为孩子创造一种轻松有趣的学习氛围，让孩子在有趣的应用场景中自然而然地掌握英语。

误区四：过分追求单词数量。

“我儿子已经学会 300 个英文单词了。”“我女儿已经掌握 10 种英语句型了。”在英语教育中，很多父母常常过分追求数量，认为孩子记住的单词越多就证明孩子的英语水平越好。事实并非如此。相较于数量，家长更应该追求的是质量。我们在教孩子学英语时，不应该脱离孩子的成长环境，让孩子过多地背诵一些完全没有体验过的单词。

每个孩子都是一颗等待浇灌的幼苗，只有汲取了足够的养分，才能慢慢长成参天大树。正所谓，冰冻三尺非一日之寒，水滴石穿非一日之功。要成就孩子的未来，家长就要利用好幼儿学英语的优势，在早期教育上下足功夫。

三、如何选择英文读物

在英语学习中，大量阅读是培养语感、提高英语水平的一种有效方法。

我小时候学英语也非常重视阅读。那时候阅读材料没有现在丰富，我当时每天坚持读书虫系列的双语口袋书，此外，老师还给我们订了很多英文周刊和其他辅助材料，保证了我们的阅读量。现在，新诺也是基于阅读来教学的，并且效果十分显著。

好的读物对孩子的英语学习至关重要。好的英语读物能让孩子用起来得心应手，使孩子在阅读中获得成就感。有的孩子不爱阅读，不一定是孩子自己的原因，而是因为家长为孩子挑选的读物不符合孩子的认知程度。

我女儿 6 个月大时，我给她买了很多布书；9 个月大时，我给她买了一些洞洞书触摸书和镜子书；一岁左右时，我开始给她看一些立体书；两岁左右时，我开始给她看一些以大图为主的英文绘本。在不同的年龄段，我都会为她选择符合她当前认知程度的书。

如今市面上的英文读物种类繁多，家长在为孩子挑选英文读物时，可以从以下 4 个方面进行考量。

➘ 从内容上看，以趣味性为主

英语学习是一个循序渐进的过程，家长在为孩子选择英文读物时，要以趣味性为主，遵循从绘本到章节书、从故事书到非故事书的原则。

启蒙阶段，绘本为首选。绘本简单有趣，图画占主要篇幅，每页只有很少的文字，能够充分调动孩子的感官，激发孩子的阅读兴趣，非常适合幼儿阅读。新诺原创上千种绘本，内容涉及科学、人文、地理等各个方面，能够帮助孩子搭建丰富的学习架构。

此外，经典的英文绘本，如美国卡尔的《The Very Hungry Caterpillar》(《好饿的毛毛虫》) 和《The Very Busy Spider》(《好忙的蜘蛛》) 等，也是不错的选择。通过阅读绘本，孩子能够在图画和英语之间建立直接联系，而不用借助中文翻译，有利于培养英语思维。

图 2-4 《好饿的毛毛虫》节选

步入小学阶段后，孩子已经有了一定的词汇积累。在这一阶段，家长可以为孩子挑选一些章节故事书来读，如 *Magic Tree House*（《神奇树屋》)、

Diary of a Wimpy Kid（《小屁孩日记》）、*The Magic Sehool Bus*（《神奇校车》）系列。相较于绘本，章节故事书情节更为丰富，趣味性更强，有利于激发孩子的学习兴趣，加深孩子的理解和记忆。

绘本和故事书是最佳的英语启蒙读物。但是，在知识面的拓展和阅读能力的提升上，绘本和故事书的作用十分有限。因此，当孩子步入小学高年级后，家长还应该为孩子挑选一些英文非故事书来读，如科普、地理、历史、传记等方面的读物，以进一步提升孩子的阅读水平和认知能力。

从语言难度上看，以中等难度为主

家长为孩子选择的英文读物一定要符合孩子的年龄和认知程度，只有这样才能真正发挥读物的作用，否则只会适得其反。

很多孩子不喜欢阅读，事实上并非他们天生不喜欢阅读，而是因为家长为孩子挑选的读物不符合他们的阅读水平。对于太简单的读物，孩子难以产生阅读兴趣；对于太难的读物，孩子因为读不懂，就会读得慢，不爱读，不再读，形成阅读的恶性循环；对于难度适中的读物，孩子因为读得懂，就会爱阅读，读得多，读得快，形成阅读的良性循环。

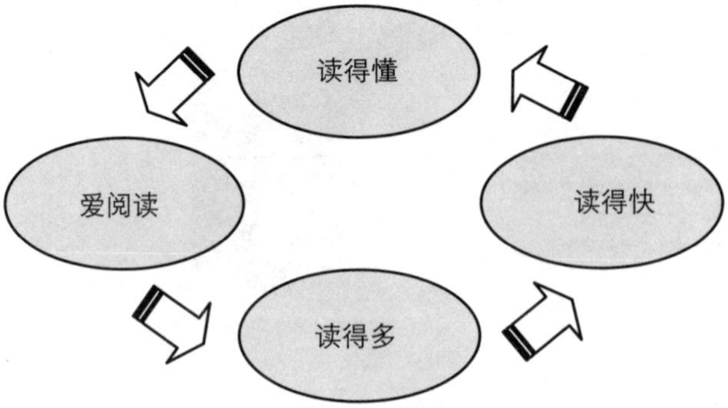

图 2–5　阅读的良性循环

在启蒙阶段，孩子认识的英文单词非常有限，家长可以为孩子挑选一些单词较少或单词重复频率较高的读物，如 *Brown Bear, Brown Bear, What Do You See?*（《棕熊，棕熊，你看到了什么？》），这类读物中总是会重复出现同一个单词，能够加深孩子的记忆，非常适合启蒙阶段的孩子阅读。

步入小学阶段后，孩子已经具备了一定的自主阅读能力。在这一阶段，家长可以运用“五指原则”来引导孩子自主选择符合自己阅读水平的读物。这也是我在英语教学中最常采用的一种方法。

“五指原则”的具体规则是：选择一本英文读物，翻开书的任何一页让孩子开始阅读，每当孩子遇到一个生词时，就让孩子竖起一根手指，当孩子阅读完这一页时，让孩子数一数自己竖起了几根手指。

“五指原则”的判断法则是：竖起 0 ~ 1 根手指，表示这本书太简单；竖起 2 ~ 3 根手指，表示这本书是最佳选择；竖起 4 ~ 5 根手指，表示这本书对孩子来说有点难，但家长也可以让孩子尝试阅读；竖起 5 根手指以上，表示这本书超过了孩子的阅读水平，不建议选择。

➘ 从呈现形式上看，以纯英文为主

为方便孩子阅读，现在很多读物都采取中英文对照的排版方式。有些读物甚至将英文、中文、拼音放在一起，这种方式看似一举三得，实际上非常不利于孩子的英语学习。

孩子在读中英文对照的书时，会不自觉地先读中文，而当读完中文故事后往往也就失去了读英文故事的兴趣。此外，中英文对照的方式，会使孩子过分依赖中文翻译，不利于英语思维的培养。

要想让孩子学好英语，建立英语思维，家长就要为孩子挑选一些纯英文读物，或者正文页面只显示英文的读物，译文可以放在后面。此外，英文读物的正文中最好也不要有生词的中文释义，因为孩子一旦对中文释义

产生依赖，猜词能力就会减弱，在以后的阅读中一遇到生词就想查字典，不利于培养良好的阅读习惯。

从专业度上看，以英文原版为主

家长在为孩子选择英文读物时，一定要确保读物的编写者是母语为英语的人。就像我们熟知汉语的表达方式一样，母语为英语的人在英语表达往往更为纯正地道。而母语是汉语的作者，对英语语言文化很难有全面深入的了解，在英语表达上往往会存在一定的局限性。

需要注意的是，即使英语是母语的作者，英文水平也是不一样的。因此，家长要确保孩子输入的英语是地道准确的，就要仔细考量编写者的水平。

具体来说，在为孩子挑选读物时可以参考这三个标准：一是选择被大众熟知的经典英文原版读物；二是选择获得过国际顶级大奖的英文读物；三是选择专业的外语出版机构出版的英文读物，如外语教学与研究出版社、上海外语教育出版社、牛津大学出版社等权威的外语出版机构。这些读物经过了很多人的验证和认可，是值得家长信赖的。

好的英语读物对孩子的英语学习非常重要。选择对了，事半功倍；选择错了，误孩子一生。市面上的儿童英语读物浩如烟海，家长在为孩子挑选英语读物时，不能随波逐流，看别的家长买什么自己就买什么，而应该从多方面进行考量，为孩子挑选出最适合的读物。

四、做好 10 年英语学习规划

我们这一代人，小时候学习英语大多都是盲目的，很少人有科学的规划，我也是凭着狠劲和韧劲才坚持到现在。如今，英语教育越来越被重视，帮孩子做好英语学习规划也成为每一位家长的必修课。

有规划的人生叫蓝图，是充满无限美好的；没有规划的人生只是拼图，是凌乱无章的。尤其是在英语教育上，家长为孩子做好 10 年规划，才能让孩子在英语学习之路上不迷失方向，才能为孩子插上腾飞的翅膀。

为何是 10 年？10 年足以改变一个人的心智，足以帮孩子打好人生的基础，足以助孩子养成一个良好的习惯。十年磨一剑，砺得梅花香。孩子的锦绣未来要经过长期的努力才能迎来。

10 年，指的是孩子从 3 岁成长到 12 岁的这 10 年。这一年龄段是孩子学习语言的最佳时期，父母必须把握住，为孩子做好规划，助力孩子成长。根据多年的英语教学经验，我把孩子 3~12 岁的 10 年英语学习划分为 4 个阶段，如图 2–6 所示。

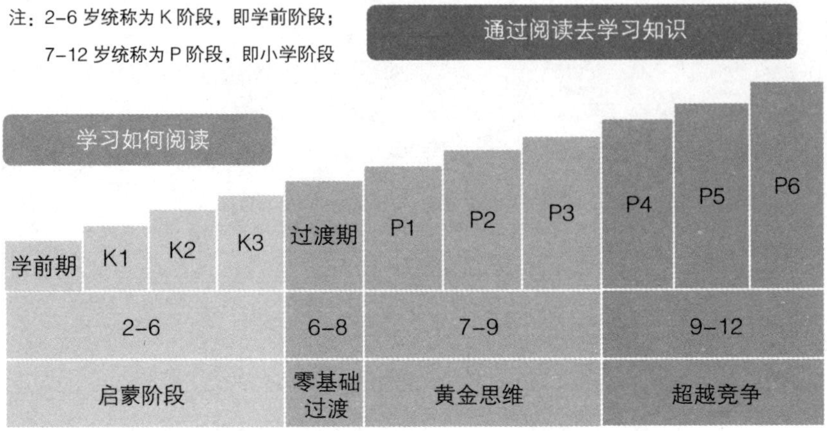

图 2-6　英语学习的 4 个阶段

思维启蒙阶段（3~5 岁）：听说先行

英语启蒙阶段，听说是关键。幼儿具有很强的语言吸收能力，只要家长为孩子创造一个良好的语言环境，让孩子多听、多接触，孩子就能很快习得一门语言。

在这一阶段，家长不能让孩子去学教材、背单词，而要从生活各个方面着手，建立英语语音和实物图像之间的关系，帮孩子建立英语思维，不断拓展孩子的词汇量，让孩子能够用英语进行简单的日常交流。

英语听力的输入要遵循循序渐进的原则，还要符合孩子的喜好。可以从简单的英文儿歌开始；还可以给孩子看英文原版动画片；和孩子一起做英语互动小游戏；给孩子读英文分级读物，或者放录音。通过为孩子提供各种各样原汁原味的音频资源，让孩子在耳濡目染的环境中习得英语。

在启蒙阶段，孩子还小，缺乏自主学习能力，因此家长要多多参与进来，陪伴孩子一起学习。家长自身要先对学英语充满热情，然后再去引导孩子。这一阶段的培养重点是帮助孩子建立起对英语的兴趣，因此家长必须围绕孩子的兴趣，采用轻松有趣的方式全方位地调动孩子的各种感官。

↘ 过渡阶段（5~7岁）：自然拼读

通过启蒙阶段大量的听力输入，孩子已经能够听懂一些简单的日常用语和英文小故事。在此基础上，家长可以让孩子进一步学习自然拼读，为以后的阅读打好基础。

但是，对很多家长来说，大家并不了解什么是自然拼读，因此也没有能力教孩子。这时家长不妨给孩子报个自然拼读班，把专业的事情交给专业的人来做。针对这一阶段的孩子，新诺老师有一套教孩子系统学习 ABC 字母和自然拼读规则的专业方法。

当然，家长也不是什么都不做，只是完全依赖老师。家长可以挑选一些比较简单的用来练习拼读的分级读物，引导孩子每天阅读，不断锻炼和巩固孩子的拼读能力。与此同时，听说能力训练也要继续加强，家长可以继续让孩子看动画片、听有声书等，保证听力输入量。

在过渡阶段，家长要继续高度参与，和孩子一起进行阅读。家长可以为孩子选择合适的自然拼读读物，不断地激励和引导孩子，让孩子通过练习切实地掌握拼读规律，从而使孩子慢慢地提升自己的自主阅读能力。

↘ 思维提升阶段（7~9岁）：读写训练

在孩子具备自然拼读能力后，家长就可以开始培养孩子的读写能力了。这一阶段是孩子的听说读写能力全面发展的关键阶段。在这一阶段，家长要注重锻炼孩子的理解能力、分析能力和批判思维能力。

在这一阶段，语法、阅读、写作都要开始逐步学习。对于语法，家长可以为孩子选择一套语法教材，让孩子由易到难地逐步学习，还可以给孩子报语法班，让孩子进行系统的学习。对于阅读，要适当地增加阅读难度和阅读量，通过让孩子大量广泛地阅读，培养语感，积累语素。对于写作，可以让孩子每天从阅读中积累写作素材，并引导孩子记忆。

在这一阶段，家长要做孩子的资源提供者，不断为孩子提供大量优质的阅读材料和视听材料。材料来源不仅仅是纸质书籍，也可以是网络上的资源。但是家长一定要有辨别能力，要能够从网络海量的资料中选择出一些真正有价值的资源。

思维运用阶段（9~12 岁）：学科英语

在这一阶段，孩子已经步入了小学高年级，需要更加深入地学习一些读写技能，并逐步由自由阅读转向学科英语的学习，以应对小升初考试。

家长可以进一步加大孩子的阅读量和阅读难度，扩大阅读的广度和深度，让孩子广泛涉猎人文、社科等各领域的文章。同时，听的内容也要从儿童文学逐步过渡到科普节目等较为有深度的内容，从看动画片转变为看一些有深度的英文原声电影。

在这一阶段，家长仍然要做孩子资源的强力提供者，同时还要帮助孩子做好应试准备。在这一阶段，孩子已经具备了一定的自主学习能力，家长可以适当地降低参与度，让孩子学会自主思考、自主学习。在孩子遇到难题时，家长要善于引导孩子自己解决问题。

英语学习是一个持之以恒的过程，也是一个异常艰辛的过程。如果没有规划，孩子将很难坚持下来。规划对于孩子学习英语有着非常重要的意义。规划是治愈恐惧的良药，能够帮助孩子跨越英语学习障碍；规划是照亮人生的阳光，能够帮助孩子建立英语学习信心。对于一艘没有航线的船来说，任何风都不是顺风；对于一个没有规划的人生来说，失败早已预见。

第三章 我的英语学习"四部曲"

作为一名跨国公司 CEO，在英语学习方面我始终遵循着自己的节奏。我认为英语学习有 4 个要点：方向、态度、兴趣、习惯。这 4 点缺一不可。

父母一定要做好孩子的引导者，为孩子指明学习方向，让孩子走上正确的学习之路；端正孩子的学习态度，让孩子以积极的心态面对学习；激发孩子的学习兴趣，让孩子感受到学习的快乐；帮助孩子养成良好的学习习惯，提升孩子的自主学习能力。

一、方向：竖起前行的灯塔

人生前进的道路是由目标指引的，也就是说，把握前行方向是迈向成功的第一步。当拼搏的心跃跃欲试，当万事俱备、蓄势待发，已有天时、地利、人和，前行的人还需要一个方向，照亮未来之路。

学英语的第一步同样是确立方向。有了方向，学习才有目标；有了方向，学习才有效率；有了方向，学习才有动力。正如哲学家爱默生所说：“一心向着自己的目标前进的人，整个世界都给他让路。”

学英语至今，我一直坚信，比努力更重要的是选对方向。年少时，我也曾因学习方向不明确而走过一些弯路，也曾想过放弃。刚接触英语时，自己不知道该怎么学，不知道该朝什么方向努力，所以我的英语水平一度落后于其他同学。

后来在老师的指导下，我明确了学习方向——大量阅读。事实证明，我选择的方向是正确的。通过大量阅读，我的英语成绩一跃成为班里前几名。

↘“海岸”决定成败

英语知识就像一片大海，若没有方向，我们的学习就是盲目的，也就很难坚持下去；只有明确方向，竖起前行的灯塔，我们才能到达成功的彼岸。我曾经看到过这样一个故事，并从中深刻体会到了方向的重要性。

穿越英吉利海峡，从英国海岸游到法国海岸，这听起来似乎是天方夜谭，但是有一名女性确实做到了，她就是费罗伦丝·查德威克。作为一个爱冒险的人，费罗伦丝·查德威克的下一个挑战很快就出现了。

1952 年夏季的一天，费罗伦丝·查德威克站在被浓雾笼罩之中的加利福尼亚海岸，她要游向西边的卡塔林纳岛，行程约 21 英里，此前还未曾有人挑战成功。这一年，费罗伦丝·查德威克已经 34 岁了，人们对她很有信心，更是有电视节目进行现场直播。

时间一点点流逝，刺骨的海水、靠近的鲨鱼、疲惫的身躯……好几个小时过去了，费罗伦丝·查德威克的身体快要到极限了，她游得越来越慢。她的母亲和教练在一条紧跟着她的船上，他们说马上就要到海岸了，鼓励她坚持住。但是，费罗伦丝·查德威克只能看到一片浓雾，根本看不见海岸的影子。最终，费罗伦丝·查德威克选择了放弃，有人将她拉到了船上。后来费罗伦丝·查德威克得知，自己放弃时其实距离海岸只有半英里，对此她却并不懊恼，反而说“假如当时看到了海岸可能会坚持下来”。

两个月后，在天气晴朗的一天，费罗伦丝·查德威克成功游过了这个海峡，成为第一个挑战成功的女性，并且比男子纪录要快上将近两个小时。浓雾之中，费罗伦丝·查德威克由于看不到海岸，没有坚持游到最后。即使是游泳健将，也需要看见方向来鼓足干劲完成任务。

“海岸”便是方向，有时候人们缺少的并不是努力，而是看不清方向，不知道什么时候才能游到海岸。就学习英语来说，盲目地要求孩子背单词、记句型可能并不能收到好的效果。孩子不知道自己背了多少单词才算够，不知道记了多少句型才是终点，在他们心中“海岸”是被迷雾笼罩的，父母的要求反而成了英语学习路上的压力。

没有学习方向，没有直接推动孩子进行学习活动的内部动力，面对英语知识内容的增多和难度的加大，加上小孩子缺少战胜困难的勇气和信心，一遇到困难就很容易产生退缩心理。为此，父母需要为孩子竖起前行的灯塔，照亮要达到的“海岸”，让孩子做到心中有数。

↘ 激发孩子的学习动机

在英语学习中，为孩子竖立前行的灯塔是父母的一堂必修课。没有方向的人生犹如大海迷航，左右摇摆不知道应该驶往何方。漫无目的地学习英语容易让孩子疲惫并产生厌烦心理。若父母给孩子指明了一个方向，孩子便会清楚自身的位置，知道距离任务达成还有多远。

另外，学习英语很关键的是从内在为孩子找到方向，启发孩子的学习动机。如此一来，学习将是自然而然的事。具体来说，启发孩子的学习动机，父母可以从以下 4 个方面着手。

第一，父母要注重培养孩子的责任感。孩子懵懂无知，对很多事情还没有自己的认知，父母对孩子的启蒙教育将在他的人生中发挥重大作用。不要认为孩子还小，对很多事情不明白，大多时候孩子都可以理解父母的安排，理解其中意义与责任。将责任注入英语学习中，可以培养起孩子学习英语的毅力。

第二，父母可以从孩子的兴趣入手，让孩子爱上英语。对学习有兴趣，孩子的表现便会异常积极。正如美国心理学家布鲁纳曾说:“学习的最好的动力，是对学习材料的兴趣。”父母要善于发现孩子的兴趣，因势利导，将孩子的兴趣与英语相结合。假如孩子对画画十分感兴趣，父母便可以给孩子购买适合的英文绘本，和孩子一起阅读，让孩子用自己喜欢的方式去学习英语，并渐渐地将孩子的兴趣与英语画上等号，让孩子爱上英语。需要注意的是，在这个过程中，父母一定要充分尊重孩子的意愿和选择，不要强迫孩子，否则会适得其反。

第三，父母可以从孩子身边的人入手，让孩子主动与人用英语交流。小孩子都有自己的玩伴，父母可以鼓励孩子与玩伴用英语交流。还可以设置一些游戏，让孩子们在玩乐中体验到英语的乐趣。例如，可以为孩子们排一出英文版童话故事，还可以教孩子们唱英文歌，等等。和同伴们一起用英语交流可以减少孩子对学习英语的抵触，还能够让孩子养成学习英语的好习惯。

第四，父母可以用英语与孩子交流。父母是孩子的第一任老师，孩子常常模仿大人的言行。当父母总是用英语说话时，孩子会聆听并去复述。有些父母自己不会英语，却严格要求孩子学习英语，这种方式是不对的，孩子会从心理上感觉不平衡，进而产生抵触情绪。因此，父母自己要主动学习英语，并多用英语与孩子进行沟通，孩子便会在潜移默化中对学习英语产生动力。

在孩子学习英语的过程中，父母要做有心人，利用一切可以用的资源去激发孩子的学习动机，为孩子树立前行的灯塔。一旦孩子有了学习方向，就会自发地产生学习动力，这动力可以让孩子面对学习路上的阻碍，战胜困难，克服压力。

二、态度：“书本是甜的”

在犹太人中，孩子稍微懂事时，母亲就会将蜂蜜滴在书本上，让孩子去尝一尝书上那一滴蜂蜜的味道。母亲想让孩子从小就明白书本是甜的，而不是苦涩的，这样可以让孩子从小就对学习抱有一种积极良好的态度。

小时候，我的母亲也是这样鼓励我学习的。每次我读书时，我的母亲就会给我一颗糖，所以在我的认知里，书本也是甜的。也许正是因为这样，从小我就勤勉好学，酷爱读书，对学习始终抱有一种积极的态度。如今，初为人母的我也是这样教育我的女儿的。

在现代社会中，很多孩子在学习过程中都会出现这样的问题：学习非常被动，从来不主动去做作业；视学习为一种负担，一件非常痛苦的事情；对学习有着十分强烈的厌烦心理。这都是孩子学习态度不端正的具体表现。

良好的学习态度是学好英语的重要前提，家长要善于用一种积极的方式去引导孩子，让孩子学会用积极的态度去面对学习，这样孩子才能有所收获。

态度决定人生高度

在上中学时，我的英语老师曾经给我们讲过这样一个故事：有两个年龄相仿的兄弟，哥哥是著名的会计师，弟弟是监狱里的囚徒。

一天，有位记者去采访哥哥，问他成功的秘诀是什么？哥哥说："我家住在贫民区，爸爸嗜赌成性，又爱酗酒，整天不务正业，妈妈患有精神疾病，我必须靠自己的努力撑起这个家。"

第二天，记者又去采访了弟弟，问他为何失足？弟弟说："爸爸经常赌博喝酒，也不工作，妈妈有精神疾病，根本没有人管我，我吃不饱，穿不暖，所以就只好去偷去抢。"

这两兄弟家庭环境一样，前期受到的教育也一样，但是因为对待生活的态度不同，他们才会拥有完全不同的命运。态度决定人生高度，有良好的态度才会有美好的人生。在学习上同样如此。如果孩子总是对学习抱有消极的态度，势必无法让自己取得长足进步。

从教多年以来，很多家长都问过我这样一个问题："我的孩子挺聪明的，就是自主学习能力很差，做作业总是需要我催。在我的催促下，孩子把该学的都学了，把该做的都做了，但为什么英语水平还是上不去？"

事实上，聪明与学习成绩这两者之间并没有必然的联系。对于大多数孩子来说，智力水平基本是均等的，不会相差太多。那么，造成孩子学习差异的原因究竟是什么呢？答案就是学习态度。即使是智商极高的人，如果学习态度很差，学习成绩也不会好。

学习态度决定学习效果。学习态度端正的孩子，总是把学习当作一种乐趣、一种责任，认为学习很有意义，往往能够积极主动地去学习，并能够主动发现问题、解决问题，因此学习能力就强，学习成绩也会相对较好。

相反，学习态度不好的孩子，总是认为学习太苦太累，时刻都抱着消极被动的心态，对学习提不起兴趣，极度缺乏学习自主性，做什么事都需要家长催促，学习效率自然不高，学习效果也不会理想。

学习态度对孩子的耐受力也有着直接的影响。一个对学习抱有正确态度的孩子，耐受力就高，在遇到困难时往往愈挫愈勇，能够迎难而上。相反，一个厌烦学习的孩子，耐受力就低，在遇到困难时往往会灰心丧气，不战而败。

可见，要想提高孩子的学习成绩，家长就要先端正孩子的学习态度。英语学习更是如此，学英语是没有捷径的，家长要让孩子认识到只有付出努力才能有所收获。只要多在听说读写上下功夫，多读、多记、多练，英语学习自然会水到渠成。

态度决定人生高度。无论面对什么样的困难，都要抱着积极的态度，不能让沮丧战胜热情。人生，可以一无所获，也可以价值无限，关键就在于我们选择用怎样的态度去面对。

➘ 如何端正学习态度

一个人的态度对他的行为具有指导性的或动力性的影响。当在学习中遇到困难时，良好的态度是孩子抵达目标的动力源泉。那么，家长怎样才能让孩子持续保持积极良好的学习态度呢?

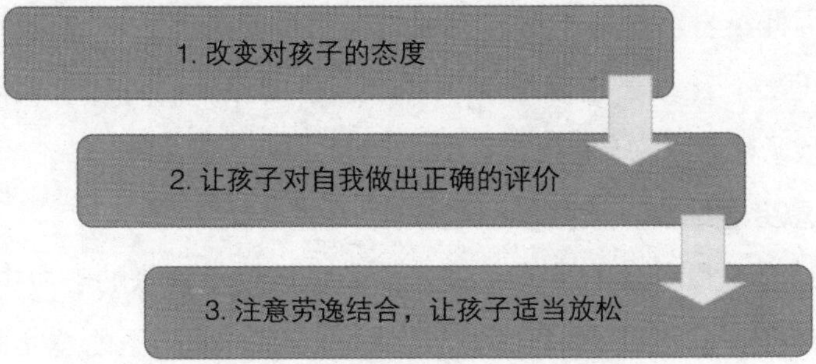

图 3-1　让孩子保持良好态度的方法

1. 改变对孩子的态度

"你作业做完了吗？"

"怎么还不写作业，你准备什么时候再写？"

"你能不能自觉点儿，为什么总得让我催？"

……

很多家长都对孩子说过这样的话。虽然说的是事实，但是这种方式并不能让孩子改变对学习的态度，甚至会起反作用，使孩子产生逆反心理。我们在教育孩子时，不能总是用指责、不耐烦的语气。如果家长都不耐烦，那么孩子又怎么会愿意去学习呢？

当孩子对学习出现了厌烦的心理状态时，我们要真诚地和孩子交流。比如，当孩子不想读英语时，家长可以鼓励孩子，而不是斥责孩子；当孩子放学后没有主动写作业时，家长可以先问问孩子打算什么时候写，孩子可能有自己的计划，我们要学会尊重孩子。

2. 让孩子对自我做出正确的评价

要端正孩子的学习态度，家长就必须让孩子正确地认识自己。很多孩子不爱学习，有一部分原因就是对自己的能力没有进行正确的评估。有的孩子会低估自己，因而在学习中会自卑，会丧失学习信心；有的孩子会高估自己，因此给自己制订了难以完成的高目标，最终达不成目标也会导致丧失学习动力。让孩子正确地认识自己，帮助孩子制订切合实际的目标，才能帮助孩子建立学习信心。

3. 注意劳逸结合，让孩子适当放松

劳逸结合是最科学的学习方式。孩子总是处于紧张的学习中，势必会造成身心俱疲，从而就会对学习产生厌烦心理。我们不能总是强迫孩子，而要让孩子适当的放松，有自己的娱乐时间。这样一来，孩子自然就不会那么排斥学习了。

在英语学习中，并非制订好学习目标、找对学习方法就能够学好，更为重要的是学习态度。学习需要付出努力，需要付诸行动，更需要积极主动的学习态度。当孩子能够以积极的态度面对一切，孩子的人生就能够发生质的飞跃。

三、兴趣：在快乐中学习

80后的我，如今已经与英语相伴20余年。回首往昔，我的英语学习之路虽有艰辛，但也充满了欢乐。一边放牛一边读英语，听起来似乎是一件辛苦事，但在我看来却是美差。

田野间散发出一股青草香，微风阵阵袭来，很是惬意。在大自然的教室里，我还和小牛玩儿起了角色扮演，它是我的同学和朋友。我对它说英语，它时不时地传出“哞”的叫声，似乎是对我的回应。

正是因为这种简单的快乐，所以我对英语的学习兴趣一直很高，才能一直坚持学下去。因此，我认为兴趣培养对孩子学习英语是至关重要的。

在现代英语教育中，很多家长都不注重孩子幼儿时期的兴趣培养，只是采用机械的方法，让孩子机械地学习。爱玩儿是孩子的天性。枯燥乏味的学习，只会削弱孩子的学习欲望，长此以往，甚至会使孩子产生逆反心理。

兴趣是推动人认识事物、探索真理的重要动机。强制性的要求，将会扼杀孩子追求真理的欲望。因此，“寓教于乐”应当成为每个父母教育孩子时遵循的基本法则。家长采用有趣的方法，让孩子在快乐中学习，才是对孩子最好的启蒙教育。

➘ 和孩子一起玩游戏

一个人只有当他对某些事物产生兴趣的时候，才会引发他的好奇心，从而衍生出想要对这件事物进行深度探究的欲望。一旦这种欲望被激发，学习者自然而然地就会参与到学习当中。反之，如果一个人对学习丧失了兴趣，他就会把学习看成是一种负担，甚至会引发对学习的抵抗。

5 岁的乐乐是我曾经教过的一个孩子。和其他的小伙伴一样，乐乐每天都会进行英语学习。但是，刚教他的时候，他妈妈总是向我抱怨：“每天都陪孩子学英语，但他却越来越抵触英语。”

原来，每天晚上一到固定的时间，乐乐的妈妈就会对乐乐说：“到了学英语的时间了，拿着书来妈妈这边学英语。”然后，妈妈就让乐乐独自读单词、读句子，自己则在旁边看着，两人几乎没有交流。渐渐地，乐乐开始厌烦学英语。每当到了要学英语的时间，乐乐都会找各种理由干别的事情。5 岁的孩子，如何忍受得了这样枯燥无味的学习呢？

后来，我告诉乐乐的妈妈，小孩子学英语，兴趣培养是关键。一般来说，孩子对空间、肢体动作和音乐动画的感兴趣程度较其他方面要高。孩子在幼儿阶段，家长可以借助游戏、图画、视频、动作及童谣来帮助孩子培养学习兴趣。

爱玩儿是孩子的天性。在日常生活中，父母和孩子一起做一些非常有趣的游戏活动，可以极大地调动孩子的学习积极性。

1. 动物蹲游戏

当小朋友学完一些动物的英文之后，比如 cat，dog，duck 等，家长就可以和孩子一起头戴着小动物的头饰，一起玩英文版“动物蹲”的游戏。

“cat 蹲 cat 蹲，cat 蹲完 dog 蹲；dog 蹲 dog 蹲，dog 蹲完 duck 蹲。”在游戏口令中，这些英文单词会不断地被提及，几轮游戏下来，孩子对这些单词的记忆自然会加深很多。

2. I spy 游戏

家长可以和孩子一起规定一个范围，比如客厅、餐厅等，然后家长选一样东西，用英语来进行简单的描述，比如颜色、大小等特征，让孩子来猜一猜是什么东西。

例如，在玩游戏的时候，家长可以说“I spy with my little eyes something red. It is roundish.”

孩子要根据家长的描述来猜测红色的圆圆的东西究竟是什么。当孩子找到指定物品的时候，家长一定要记得及时给予孩子肯定，比如可以说：“Yes, it is an apple. Good job!”

当孩子答不出来或找不到指定物品的时候，家长也可以引导孩子用英语来询问。在孩子熟悉游戏规则后，家长还可以和孩子变换角色来进行游戏。I Spy 这个游戏对孩子提高英语的应用能力和建立英语思维有很大的帮助。

3. 20 questions 游戏

这个游戏不仅仅能提高孩子的英语水平，同时还能培养孩子解决问题的能力和逻辑思维。游戏方式很简单，家长在心里想好一个东西，让孩子问一些问题，争取让孩子在 20 个问题以内找到答案，但是家长只能回答 Yes 或 No。

例如，家长在心里想着 computer。

孩子：“Is it in this house?”

家长：“Yes.”

孩子：“Is it in this room?”

家长：“No.”

……

孩子：“Is it computer? ”

家长：“Yes! ”

同样的，在孩子成功的猜出了答案的时候，父母一定要及时给予肯定和夸赞。

在英语学习中适当地采用游戏的方式进行，可以很好地调动孩子的积极性，同时可以锻炼孩子的逻辑思维、注意力、记忆力等多种能力。最重要的是，可以通过游戏激发孩子学习英语的兴趣。

家长还可以借助儿歌来激发孩子的学习兴趣，充分地调动孩子的感官。孩子对于音乐的敏感程度、接受能力和悟性都比较强，在歌曲中学习，更能激发孩子对英语的兴趣，从而培养孩子的语音、语速及语感。家长可以和孩子一起边跳边唱，或者在孩子入睡或醒来的时候播放一些英文歌曲。

此外，一些专门为英语学习而制作的教育片对孩子学习英语也助益颇大。这类教育片往往以简洁易懂的动画片形式呈现，里面有孩子们喜欢的动物或人物，可以帮助孩子培养兴趣并增强记忆。比如在中国受到许多孩子喜爱的动画片 *Peppa Pig*（《小猪佩奇》）。家长可以陪伴孩子一起观看这些影片，并留心一下动画片里出现过的单词，和孩子进行交流，加深孩子的理解，巩固孩子的记忆。

↘ 和孩子一起做动作

美国心理学家詹姆斯·亚瑟（James Asher）在 20 世纪 60 年代提出了 Total Physical Response（全身动作反应法），即一边说一边做。它是一种把语言和动作联系在一起，通过身体动作来进行外语教学的方法。

在新诺，老师也常常采用 TPR 教学法，运用自身丰富的肢体语言带动和加深孩子对语言音和形的记忆。通过课堂中 TPR 教学法的应用，能够很好地活跃课堂气氛，使孩子的语言能力及韵律感得到充分的发展，有助于孩子的语言思维的养成。

图 3-2　新诺 TPR 教学

在家庭英语教育中，父母也可以尝试用这种方法教孩子。TPR 教学法能够让孩子直接把英文和动作建立联系，不需要通过中文解释，就可以直接形成英语思维。

例如，3 岁的安安虽然年龄很小，但已经学会了很多单词，能听懂很多简单的英文指令。妈妈在帮安安刷牙的时候，总会边刷边说“brush teeth”，重复的多了，安安就记住了。当妈妈再说“brush teeth”的时候，安安立刻就明白要做什么了。

妈妈还会经常用英语让安安做一些动作，如 clap your hands（拍拍手），shake your head（摇摇头），raise your arms（举手臂），twist your shoulders（扭扭肩），等等。起初，安安并不知道这些英文指令是要做什么，所以妈妈会和安安一起做，做了几遍以后，妈妈再发出指令，安安就能够独自做出相应的动作了。

TPR 教学法符合孩子好动好玩的天性，同时也符合乐学原则。家长和孩子一起边说边做动作，不仅让学习变得更加生动活泼，同时也能够增强孩子的记忆。

“教学有法，教无定法，贵在得法。”

兴趣是最好的老师，是激发孩子学习潜能的原动力。当孩子在做一件事时，如果找不到兴趣的切入点，就不会有为此努力下去的决心，也不会获得成功。当孩子做自己喜欢的事情时，他的个人潜能会得到最大程度的发挥。每个父母都要结合孩子自身的特点，利用一切方法，为孩子营造一种快乐的学习环境，让孩子在快乐中学习，在学习中进步。

四、习惯：遵循 APPLE 法则

一棵幼苗要想茁壮成长，需要我们从根基上进行养护；一个孩子要想长大成才，就必须从小养成良好的习惯。习惯对于孩子的影响是巨大的，只有养成一个好习惯，孩子才能按既定的轨道稳步地走下去。

良好的习惯是成才的“助推器”。孩子成功教育从培养好习惯开始，英语教育更是如此。英语学习是一个持之以恒的过程，如果没有形成良好的学习习惯，孩子很难坚持下去，也很难获得长久的成就感。

我的英语学习习惯形成于中学时期，并一直保持到今天。我的中学英语老师是一个教学态度十分严谨的人，对学生的要求也十分严格。他要求学生每天都要制订学习目标，并且一定要完成。在他的引导和鼓励下，我每天坚持学英语，形成了良好的学习习惯。

后来，我根据自己学习英语的经验，总结出了 APPLE 法则，推荐给大家，希望能够帮助更多的孩子养成良好的英语学习习惯。所谓 APPLE 法则，即 Aim/ 目标，Preparation/ 准备，Perseverance/ 坚持，Lead/ 引导，Encourage/ 鼓励。

➘ Aim/ 目标

设定一个合理的目标，是帮助孩子养成好习惯的第一步。若目标过低，孩子就缺少学习动力；若目标过高，大大超出了孩子的能力范围，孩子就会在重压之下变得疲惫不堪，无法使目标得到有效的执行。具体来说，家长在为孩子制订学习目标时要注意以下要点。

第一，设定的目标要简洁明确。

小孩子的认知和理解能力是有限的，只有简洁明确、清晰具体的小目标，才能让孩子一眼就看明白，知道自己要做什么。比如，在孩子两三岁的时候，家长可以每天陪孩子读一篇英文小故事，听一首英文儿歌。

第二，设定的目标要在其能力范围内。

家长为孩子设定的目标，一定要是孩子在付出一些努力后可以完成的，并且这个目标一定要是可行的。如果设定了高目标，只会让孩子丧失执行的积极性，甚至会产生挫败感。

比如，孩子在两岁的时候，汉语都不太会说，家长不必要求孩子要学会说英语，只是每天教孩子说两个简单的单词即可，如 cat/dog。当孩子 3 岁的时候，家长可以适当增加学习量，每天教孩子说五六个简单的新词，每天陪孩子阅读一篇英文小故事。这都是孩子通过努力可以完成的。

第三，设定的目标一定要有时间期限。

有了时间期限，孩子在学习时才能更有效率，因为他知道在期限到来之前自己必须做到什么。若没有时间期限和一个合理的规划，那么学习就变得漫无目的，目标就很难达成。

比如，孩子上小学后，已经能够自主阅读了，为了提高孩子的学习效率，家长可以和孩子一起制订阅读目标，如一个月内读完一本英文故事书。根据设定的这个时间期限，再制订一个每日阅读目标，这样一来，孩子就能够每天进行规律性的阅读了，而不是每天想起来读就读，想不起来或没时间就不读。

Preparation/ 准备

《礼记 · 中庸》中有言：“凡事预则立，不预则废。”这句话的意思是，做任何事情，事前有准备就可以成功，没有准备就会失败。“不打无准备之仗”，是大家都明白的道理。

在生活中，无论我们做什么事情，都需要进行提前准备。比如，当妈妈做好饭的时候，可以对孩子说：“我们要准备吃饭了，你是想拿筷子还是想拿碗呢？”孩子想了想说：“我来帮大家拿碗吧。”虽然是一件非常小的事情，但是在孩子的潜意识中，他是参与到这顿饭的准备工作当中的。这样的小事做多了，孩子自然就不会形成“衣来伸手，饭来张口”的坏习惯。

在学习中，让孩子参与学习前的准备工作对孩子好习惯的养成也是很重要的。比如，家长为孩子制订的目标是每月看完一本英语少儿读物，那么提前准备好读物是必要的。爸爸妈妈可以陪着孩子一起去图书馆选择读物。在图书馆里，父母还可以询问孩子的喜好，让孩子去选择自己喜欢的英语读物。书是孩子自己选择的，他自然更感兴趣，也更愿意去读。

Perseverance/ 坚持

要想养成好习惯，坚持是非常关键的。无论是在生活还是学习中，凡事只有坚持下去，才有可能会成功。

想要让小孩子一直坚持做某一件事是比较难的，这时候就需要家长帮助孩子，陪伴孩子坚持下去。比如在制订好英语学习小目标的时候，家长要监督孩子坚持打卡，父母也可以参与到孩子的学习中来，陪孩子一起学习。

孩子在学习英语的过程中难免会有想要放弃的时候。这时，要想让孩子坚持学习，家长就要陪伴孩子一起学习。家长可以和孩子坐在一起，看同一个英语小故事，并时不时地交流一下故事里的情节。

有时候，家长可能没有办法陪孩子一起阅读，那也要告诉孩子：“妈妈很想知道今天的英语小故事里讲了什么有趣的事情，你看完了讲给妈妈听好吗？”家长这样说能够给孩子阅读的动力，孩子也就能够坚持去看英语小故事了。

➘ Lead/ 引导

爱玩儿是每个孩子的天性，让孩子一直保持较充沛的学习精力几乎是不可能的。当孩子完不成既定的目标或提出一些要求时，家长不能一味地训斥孩子或者无视孩子的要求，而要正确引导孩子。

如果孩子在学习的时候，家长在客厅看电视，时间久了，在房间学习的孩子就“坐不住”了，会变得急躁，自然也就不能专心学习。要引导孩子主动学习，家长一定要以身作则，自己先管理好自己，为孩子树立一个好的学习榜样，营造一个好的学习环境。

日本教育家福泽谕吉说：“家庭是习惯的学校，父母是习惯的老师。”在要求孩子做到某些事情的时候，父母要先想一想，自己是否也是这样做的。只有自己先做到了，才能引导孩子也做到。

➘ Encourage/ 鼓励

适当的鼓励和认可，能给孩子带来动力，帮助孩子养成良好的习惯。在孩子完成小目标的时候，我们可以给予孩子适当的奖励。即使孩子没有达成目标，父母也不应该急于训斥，而应该分析孩子为什么没有完成，并鼓励孩子下次积极达成目标。

比如，家长为孩子制订了一个每天掌握 10 个英语单词的小目标，但是，在听写英语单词的时候，发现孩子总是会有几个单词拼写错误。这时，如果家长急于训斥孩子，不仅于事无补，还有可能让孩子产生抵触情绪。

我们不去指责孩子没有背过全部单词，而去夸赞孩子今天掌握了几个英语单词，还可以夸赞孩子单词书写工整。时间一长，孩子就不再反感背单词了，学习效率也会越来越高。

养成良好的学习习惯并非一朝一夕之事。父母在教育孩子时一定要采用正确的方式，否则只会让孩子养成坏习惯，而坏习惯一旦养成就很难改变。家长不妨遵循 Apple 法则，从制定目标开始，不断地引导孩子，鼓励孩子，相信假以时日，一定能够帮助孩子养成一个良好的学习习惯。

第二部分 教育感悟篇

第四章 为人父母，几多困惑几多忧

从孩子呱呱坠地开始，我们便被冠以“父母”之名，并被赋予了神圣的使命——用心教导孩子，不断给予孩子成长的力量。年纪轻轻的我们，也是第一次做父母，因此在教育孩子时也会充满困惑，也会身心俱疲。

在家庭教育中，我们应该扮演怎样的角色，是做父母还是做朋友？我们应该如何跟孩子沟通，走进孩子的内心？我们应该以何为重？父母对教育的选择决定了孩子的未来。只有做出最佳选择，才能让教育更有效，才能让孩子体验到生命的美好与快乐。

一、做父母还是做朋友

每个孩子的人生都是从家庭开始的。孩子的性格和才能归根结底受家庭和父母的影响最大。那么，在孩子的成长之路上，父母究竟应该扮演怎样的角色？是做“权威型父母”，还是做孩子的朋友？

在我的记忆中，我的父母更像是“权威型父母”，从小就对我管教十分严格，所以我也一直是一个守规矩的乖乖女。但是，在现代家庭教育中，很多父母都认为自己应该跟孩子做朋友，并认为这是民主、开明的表现，是对孩子最好的教育。那么，“朋友”真的是亲子关系的最佳状态吗？

父母的核心角色

从一名教育工作者到成为一名母亲，从教授他人到养育自己的女儿，随着时间的推移，我的人生角色也在不断发生着改变。初为人母时，我有喜悦也有担忧。喜悦的是我终于成为一名母亲，有了一个可爱的混血儿女儿；担忧的是，我该如何做好母亲这个角色，陪伴孩子健康成长。

在陪伴孩子成长的过程中，大多数父母都会有这样的疑惑：我们应该做父母还是做朋友？在我女儿刚出生时，我也曾为此困惑过。如果我只做好母亲的角色，那么孩子将会失去一个知心朋友，人生也会失去很多乐趣；如果我只做好朋友的角色，失去管教的孩子又该如何保持敬畏心。

如今，我的女儿已经 4 岁了，她是一个既活泼开朗又听话懂事的乖乖女。看到女儿健康快乐地成长，我很庆幸自己当初做出了正确的选择，即父母和朋友的双重角色。其实，在孩子成长过程中，我们既可以是父母，也可以是朋友。这种双重角色能够拉近彼此的关系，使亲子关系更加融洽，同时也能让孩子守规矩。

但是我们一定要意识到，在双重角色中父母的角色一定是核心角色，是重于朋友角色的。在平时的生活和学习中，我扮演的是朋友的角色，陪伴孩子一起玩耍、一起学习。但是在进行人格教育时，我更多的是做一个“权威型父母”，让孩子知道有些底线不能触碰，帮助孩子树立一个正确的人生观。

孩子在幼年时期，不懂得什么是正确的人生观和价值观，不知道什么是对，什么是错，什么可以做，什么不可以做。当孩子还没有形成是非观念的时候，如果我们放弃了父母的权威，把朋友作为核心角色，对孩子疏于管教，那么可能会给孩子的成长带来一些负面的影响。

父母丧失权威，会导致孩子成为目无尊长、不守规矩的“熊孩子”。更严重的是，在权威缺失的环境下长大的孩子，因缺乏畏惧心，还可能会藐视其他权威，如在课堂上藐视老师的权威，在工作中藐视领导的权威，甚至在社会上藐视法律的权威，最终一步步走向沦落甚至犯罪的深渊。

很多时候，在没有规矩的约束下，孩子并不会按照我们预想的那样健康成长。等孩子养成了一些不良习性，变得蛮横霸道、不懂规矩时，我们再想管教孩子往往已经来不及了。因此，在现实生活中，父母不可能完全像朋友一样和孩子相处，而是要有一定的威严，要切实地承担起教育孩子的责任。

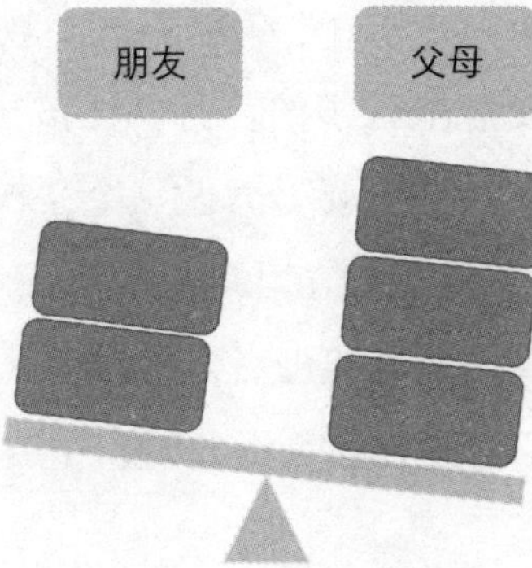

图 4-1　父母重于朋友

当然，这里所说的权威不是指高压暴力，而是指在爱的基础上用正确的方式施行出来的管教力。权威不是集权，更不是霸权，权威的核心是“理性、严格、民主、耐心和关爱”。这种既严格又温暖的“权威型父母”才能培养出最好的家庭亲子关系。

建立父母的权威，让孩子产生敬畏之心、树立规则意识、形成健全人格，这是家庭教育最核心的价值所在。

颜之推在《颜氏家训》中说：“父母威严而有慈，则子女畏慎而生孝矣。”在教育孩子时，我们必须坚定地做一个“权威型父母”，让孩子知道畏惧，知道有些东西不能触碰。若我们行使好父母的权利，对孩子悉心教导，那么随着孩子的成长，孩子就会逐渐形成独立的人格，并建立起正确的人生观和价值观，成为一个真正有素养的人。

➘ 如何成为权威型父母

当我们把孩子带到这个世界上的那一刻，我们就被冠以“父母”之名，并被赋予了神圣的使命——用心教导孩子，让孩子走上正确的人生之路。

为人父母，若真心地为孩子好，怎能不规劝教导他呢？爱孩子，不仅仅体现在尊重孩子，更要规范孩子的言行，让孩子懂得为人处世的道理。尤其是在孩子幼年时期，我们更要努力做一个“权威型父母”，让孩子产生敬畏之心，如此才能让孩子健康茁壮的成长。

但是，权威并不是我们成为父母后自然而然就拥有了，而是要通过一定的方法慢慢树立起来的。我在教育女儿时，主要是从以下三个方面来树立自己的权威的。

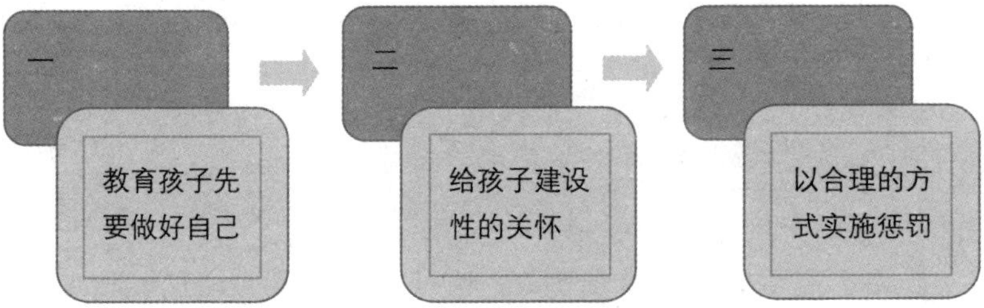

图 4-2　树立权威的方法

1. 教育孩子先要做好自己

古人云：“其身正不令则行，其身不正虽令不行。”为人父母，就要先做好自己，然后再用良好的言行去影响孩子。我们总是自以为是地认为自己各方面都比孩子做得好，只是一味地要求孩子，实际上有些方面自己都没做到。想成为“权威型父母”，我们就要坚持学习，严格要求自己，为孩子树立一个好榜样。

2. 给孩子建设性的关怀

建设性的关怀与溺爱完全不同，是指父母以积极负责的态度教育孩子，为孩子提供良好的情感环境，以一种孩子能接受的方式支持他。这种关怀既不是指满足孩子的一切需求，也不是指当孩子取得好成绩时给孩子一个拥抱。建设性的关怀要求父母要积极地参与到孩子的情感生活中去，要以一种积极的方式约束孩子，鼓励孩子积极上进、努力学习。

3. 以合理的方式实施惩罚

“权威型父母”必然脱离不了“惩罚”二字。需要注意的是，惩罚不能强硬地施行，而要采取一定的方法，让孩子心甘情愿地接受。当发现孩子有不良倾向时，不要急于惩罚，及时提醒孩子即可。当孩子再犯时，则要提出严重警告。若提醒几次还是没有效果，则可以提出几个惩罚条件，让孩子自己选择，这样才能让孩子心甘情愿地接受。

权威是一种积极的力量，能够约束孩子的言行，督促孩子进步。正如孔子的门徒颜渊所说：“仰之弥高，钻之弥坚，瞻之在前，忽焉在后。夫子循循然善诱人，博我以文，约我以礼，欲罢不能，既竭吾才，如有所立卓尔。虽欲从之，末由也已。”意思是说，老师就是这样缓慢而持续地引领着我们，用他的知识与经验开阔我的眼界，又用规范与约束使我成为谦恭有礼的人，就算我想停下脚步，却不由自主往前走。而父母则是孩子人生中第一任老师。

在家庭教育中，父母扮演一个什么样的角色，关乎孩子一生的命运。无论任何时候，放弃权威都是一种最无力的教育。在家庭教育中，无论是为师，还是为人父母，都应该懂得管教的界限，真正地树立起权威，让孩子对自己产生敬畏之心。只有树立起权威，才能更有效地规范孩子的言行，促使孩子更好的成长。

二、如何跨越心灵鸿沟

由于年龄上的差异，父母和孩子之间有代沟是正常的。我和女儿之间当然也有一些代沟，但是这并不影响我们的关系。因为我懂得沟通的重要性，无论遇到什么事情，我都会心平气和地和她进行沟通，然后试着站在她的角度去思考问题。

在有些家庭中，父母和孩子的关系越来越恶化，代沟渐渐变成了鸿沟，大多就是由于缺乏沟通导致的。父母和孩子之间的距离可近可远，关键就在于如何沟通。

若是无法进行有效沟通，即使把两个人捆绑在一起，这两颗心之间也是相隔万里。若是懂得沟通的艺术，即使两个人远隔天涯，仍然能够心灵相通、心心相印。要想和孩子达成彼此信赖的关系，我们就要努力修炼沟通的艺术。

别让代沟变成鸿沟

从教多年以来，我遇到过太多因不懂得如何沟通而使亲子关系恶化的例子了。在大学期间做英语家教时，我曾教过一名8岁的小女孩朵朵。有一次，在教学过程中，我发现她情绪很低落，于是我便向她的妈妈询问情况。原来是因为她做的事情没有得到妈妈的理解而闷闷不乐。

母亲节那天，空气中花香弥漫，到处都洋溢着感恩的温情。为了向妈妈表达感谢和祝愿，朵朵用自己的零花钱给妈妈买了一束康乃馨。然后她拿着花开开心心地跑到妈妈面前，并说道："妈妈，母亲节快乐！这是我给你买的花。"

正在厨房忙碌的妈妈，看到女儿送的花，心里有一丝丝感动，却没有表达出来，而是责怪道："你又乱花钱，妈妈给你钱是让你买学习用品的。"说完，妈妈又开始忙起来。听到妈妈这么说，朵朵非常失落地走开了。

在现实生活中，有太多这样的例子。很多父母都不懂得如何跟孩子沟通交流，明明是爱孩子的，却总是说出一些伤害孩子的话。于是，父母和孩子总是互相抱怨对方不理解自己，彼此之间似乎永远隔着一道无法逾越的鸿沟。

图 4–3　无法逾越的鸿沟

父母和孩子两代人在思想认知和行为习惯上都存在着较大的差异，因此总会存在一定的代沟，这是不可避免的。有代沟本是正常的，并不会成为父母和孩子之间交流的阻碍。只是有些父母不懂得沟通的艺术，无意中导致这条代沟越来越深、越来越宽。随着孩子的成长，我们和孩子之间的距离也就越来越远。

很多时候，父母想和孩子好好交流，可往往事与愿违，总是因为不懂得如何跟孩子沟通而导致不欢而散。在和孩子相处时，如果我们习惯性用苛刻的话打击孩子，那么孩子就会越来越自卑、越来越抗拒。这样只会导致孩子不愿意和父母交流，不愿意向父母敞开心扉。

沟通不善，我们和孩子的交流就会出现障碍，甚至会造成误会，还会导致孩子缺乏安全感，甚至出现性格缺陷。当遇到挫折时，孩子不再愿意向父母寻求帮助；当受到委屈时，孩子也不再愿意向父母倾诉。

良好的沟通是连接父母和孩子情感的纽带，是通向彼此心灵的桥梁，是建立信任的关键。如果朵朵的妈妈在收到女儿送的花后，能够由衷地说一句“谢谢宝贝，妈妈很喜欢”，让朵朵感受到自己做的事情是被认可的、是有意义的，那么一定能够大大拉近彼此的距离。

沟通艺术的三项修炼

在现实生活中，因为沟通不得法，父母和孩子之间似乎永远隔着一条难以跨越的鸿沟。父母不理解孩子的做法，孩子不明白父母的苦心。于是，本该充满爱与温馨的亲子关系变得越来越疏远。

很多父母都在抱怨和孩子沟通太难了。其实，心灵的鸿沟并非无法跨越，只是很多父母还没有找到跨越的正确方法。沟通是一门交流的艺术，每一位父母都应该用心学习。

1. 多用“我信息”来表达

在和孩子沟通时，很多父母都败给了“不会说话”。当孩子做了一些让自己不满意的事情时，很多父母都会用“你信息”来表达自己的不满情绪，说一些训斥孩子的话，如“你怎么这么不听话”“你怎么这么笨”。

事实上，每位父母都对孩子充满了期望和厚爱，只是不会用正确的方式表达自己的内心。要想和孩子好好沟通，父母就要多用“我信息”来表达，即以“我”开头，明确告诉孩子自己很爱他、很关心他，准确地向孩子表达自己的真实感受，而不是劈头盖脸地痛骂孩子。

表 4-1 “你信息”和“我信息”

你信息	我信息
你怎么这么晚才回来？	我很担心你，下次可以早点回来吗？
你怎么这么简单的题都不会做？	我相信你一定能够做出来，加油！
你英语怎么考得这么差？	我相信你下次一定能考好，继续努力！

2. 站在孩子的角度思考

很多父母之所以和孩子沟通失败，往往就是因为他们只站在自己的角度思考问题，不懂得以心换心，站在孩子的立场体会孩子的感受。这样我们就不可能了解孩子的真实想法，使沟通变得越来越困难。

小孩子不可能完全理解大人的想法，若父母总是以大人的眼光和标准去要求孩子，这样的沟通注定是失败的。我们应该学会换位思考，如此才能真正走进孩子的内心，更深入地了解孩子，从而和孩子进行有效沟通，建立起彼此信赖的关系。

3. 沟通的形式要多样化

要想和孩子进行良好沟通，父母要学会运用多种沟通形式。单一的沟通形式很难让孩子完全理解和接受家长的想法和意见。最易操作的沟通形式主要有以下两种。

一是定期召开家庭会议。家庭会议并非一定要严肃正式，不必过分拘泥于形式和内容，也可以采取游戏的方式，只要能够向孩子准确传达思想，并让孩子从内心接受即可。家庭会议最好定期举办，并且要人人参与，人人发表意见，这样才能达到良好的沟通效果。

二是用书信和孩子交流。沟通不应该只是表面的，不单了解孩子今天做了什么，更重要的是心灵的沟通，了解孩子的真实感受。书信就是一种实现心灵沟通的最佳方式。我国历史上的文人大家也常常以书信的方式来表达自己对孩子的关心，如《曾国藩家书》《傅雷家书》《梁启超家书》。很多时候，文字比语言更深情，更具感染力，更能触动孩子的内心。

沟通是一门艺术，需要每一位父母用心修炼。为人父母，我们理应在与孩子的沟通中承担更多责任，寻找合适的沟通方法去窥探孩子的内心，努力给孩子带来情感慰藉，而不是一味地要求孩子理解自己。爱孩子，我们就要用积极正面的方式表达出来。

三、家庭教育以何为重

家庭教育是人生整个教育的基础和起点，对孩子的一生有着最深远的影响。我们都懂得家庭教育的重要性，但是，家庭教育应以何为重呢?

在现代家庭教育中，有些父母只重视知识教育，而忽视了孩子德行的培育。于是，近年来我们总能看到一些这样的新闻，一个学习特别好的孩子，品行却不端正，更有甚者，还出现了违法犯罪的行为。

➘ 家庭教育的核心

作为一个教育工作者，我在教学中，以教授孩子英语知识和学习方法为重。作为一个母亲，我在家庭教育中，更注重的则是培养孩子良好的德行。养鱼重在养水，养树重在养根，养人重在养德。良好的德行和健全的人格，才是孩子立足于社会的根本。

然而，在这个竞争异常激烈的时代，很多父母都有着极其强烈的焦虑感，他们每天都不辞辛劳地督促孩子学习，生怕孩子输在人生的起跑线上。可以说，大多数父母都把时间和精力完全用在了教授孩子知识和技能上，而忽略了德育教育。

其实，知识是一个没有边界的无限概念，靠教是教不完的，孩子穷尽一生也学不完。比教授知识更重要的是，让孩子知道生命的价值和意义，懂得感恩与敬畏，树立正确的人生观和价值观，形成健全的人格。这是“育”的核心内容。

图 4–4　德育教育

“育”，在《说文解字》中的解释为“养子使作善也”。中华传统文化历来倡导孝悌忠信、礼义廉耻。其中，不乏一些强调个人品德的名言警句，如“子欲为事，先为人圣”“德才兼备，以德为首”。

古往今来，许多名人大家都把“德行”放在成才要素的首要位置。于现代家庭而言，父母也应该将“德育”作为家庭教育的核心。

父母之爱子，必为之计深远。我们爱孩子，就要为孩子的一生考虑。教授孩子更多的知识，也许能够让孩子获得一时的名利，但素养的缺失也可能会让孩子一无所有。对孩子进行“德育”教育，才能让孩子走得更远、飞得更高。

人生观和价值观决定孩子人生的高度。如果孩子树立了正确的人生观和价值观，拥有了美好的品性，那么他就不会迷失人生的方向，就不会成为一个高学历低素养的“野蛮人”。事实上，并非每一个孩子都能在学业上有所成就。当孩子能力不足的时候，唯一能够让孩子脱颖而出的法宝就是良好的“德行”。

➘ 德育的内涵

家庭是一棵大树，孩子是这棵大树上结出的果实，父母则是培育这棵大树的园丁。要想让果实长得硕大饱满，不被害虫侵蚀，父母就要精心呵护，及时浇灌、及时施肥、及时用药。“德育”即为孩子健康茁壮成长的良药。

在我国传统文化中，“德育”有着极其丰富的内涵，如知礼、知敬、知恩。我在教育女儿时，主要就是从这三个方面来进行的。

首先，要让孩子“知礼”。

不学礼，无以立。从出生的那一刻起，孩子就成为一个社会人，就必须要经历社会化过程，免不了要和别人打交道。懂礼仪，能够让双方的相处变得更容易，使人与人的关系变得更融洽。

我国自古便是一个礼仪之邦，孩子作为国家的未来，要从小懂礼、知礼、行礼。与人见面时，微笑地和对方打招呼；与人出现意见分歧时，懂得尊重他人意见，不与他人激烈争辩；受到他人帮助时，及时向对方表示感谢。这些都是“行礼”的具体表现。

其次，要让孩子“知敬”。

“敬”，即尊敬、敬仰、恭敬、敬爱、敬重、敬畏。尊敬长辈、孝敬父母是中华民族的传统美德。因此,“知敬”是育儿非常重要的一个方面。一个“知敬”的孩子，才能真正地做到爱自己、爱他人、爱学习。

我们要教育孩子敬爱老人，这里的老人不仅指自己的亲人，还包括陌生人；我们要教育孩子尊敬父母，多帮助父母做一些自己力所能及的事；我们要教育孩子敬畏生命，对小动物温柔以待，对花花草草精心呵护。

最后，要让孩子“知恩”。

人世间，值得我们感恩的东西太多了。人活着就要心怀感恩之心。“知恩”，能够让心灵更美好，让生命更精彩。父母作为孩子的人生导师，理应培养孩子的感恩之心，让孩子从小就懂得知恩图报，养成善良的心性。

我们要教育孩子感恩父母，正是由于父母精心养育，自己才能健康茁壮的成长；我们要教育孩子感恩良师，正是由于良师精心培养，自己才能获得更多的知识和技能；我们要教育孩子感恩一切帮助过自己的人，正是由于他们出手相助，自己才能克服困难。

在家庭教育中,“德育”是重心。在孩子的成长过程中，一旦品性出现了问题，那么一切名和利就都是泡沫，很快就会消散。“德育”能够保证孩子朝着正确的人生方向迈进，使孩子成为一个有价值的人。

第五章 发现育儿中“看不见的灾难”

“放养式教育”是近几年来最受家长青睐的一种教育方式。然而，很多父母只是盲目跟风，并不知道什么是真正的“放养式教育”。在教育孩子时，我们常常会陷入教育误区而不自知，当我们发现时可能为时已晚。

在家庭教育中，主要存在四种误区：一是对孩子撒手不管，二是对孩子管教过度，三是对孩子进行心灵施暴，四是对孩子抱有高期待。这四种误区，每一种对孩子来说都是一场灾难。孩子小小的身躯并没有抵抗灾难的能力，只有我们走出教育误区，才能让孩子重获幸福人生。

一、家庭教育最大的误区

我还是个农村放牛娃的时候，我的父母对我管教十分严格，他们认为小孩子就要好好管教才能听话。这也是 20 世纪八九十年代大多数父母的教育理念。随着时代的发展，中西文化交流越来越密切，现在越来越多的家长开始热衷于“放养式教育”，认为孩子需要自由成长。

不同的时代有不同的教育理念，没有对错之分。“放养式教育”本身也并没有错，但是很多家长却没有抓住“放养”的实质，而是陷入了教育误区，错误地认为这种教育方式既能解放自己，又能让孩子尽情释放自己的天性，无论对谁都是最好的选择。

“放养”不等于“放任不管”。真正的“放养式教育”，放的是孩子的思维，养的是孩子的习惯，是以培养孩子的规则意识为前提的。因此，即使采取“放养式教育”，父母也不能完全对孩子撒手不管，同样需要用心引导孩子。

↘ 放养教育不等于撒手不管

在现实生活中，有的家长因对“放养式教育”认知不足，而陷入教育误区，把“放养”当成“放任”，任由孩子想做什么就做什么。实际上，这种放任自流式的教育并非真正意义上的“放养式教育”，只会导致“问题儿童”出现。

图 5–1 “放养式教育”的误区

我在大学期间做家教时，教过一个 10 岁的小女孩悦悦。悦悦的妈妈是个生意人，平时工作很忙，没有太多的时间教育女儿，但是妈妈对此没有太多的担心，因为妈妈觉得悦悦是一个听话的乖孩子，能够自觉学习。就这样，悦悦进入小学后，妈妈就对悦悦采取了完全“放养”的方式。

突然有一天，妈妈接到了老师的电话：“悦悦妈，我是悦悦的班主任张老师，您明天下午有时间来趟学校吗？悦悦最近考试成绩一直下滑，尤其是这次期中考试考了班级倒数第三，学习问题非常严重。”

老师的话让妈妈的内心无比沉重。一直让妈妈放心的悦悦，为何变成了这样？原来，妈妈经常忙于自己的事情，很少引导悦悦学习。在妈妈长期的“放养”教育下，悦悦的学习态度越来越差，上课常常不认真听讲，回家后也不认真做作业，这导致悦悦的学习成绩直线下滑。

看着悦悦现在的状态，妈妈又心疼又心酸，终于意识到自己不应该一直“放养”悦悦。于是，妈妈开始采取补救措施。好在悦悦的年纪还小，“亡羊补牢，为时未晚”。在我和悦悦妈妈的共同努力下，悦悦的学习成绩开始慢慢提升。

真正的“放养式教育”，是指父母不过度干涉孩子，让孩子在一种较为宽松的环境中自由成长。这种教育理念强调的是让孩子按照自己的成长节奏自由发展，但绝不是指对孩子不加任何管束，任由孩子放飞自我。

在放养式教育中，父母既不是一个控制者，也不是一个旁观者，而是一个引导者，负责帮助孩子树立规则意识，引导孩子向正确的方向发展。

放养教育绝不是撒手不管。在幼年时期，孩子缺乏自我约束力，家长不能过于相信孩子的自觉性，而是要及时对孩子进行引导和规劝，让孩子在知敬畏、不越界的前提下自由成长。家长适当地引导孩子，才能让孩子获得健康成长。

➘ 做好孩子的引导者

“放养式教育”主张给孩子提供充足的成长空间，尊重孩子的意愿，但这并不意味着毫无原则的放纵。在孩子的教育中，有些家长，认为让孩子尽情释放自己的天性就是最好的教育方式。实际上，这种方式正在一步步扭曲孩子的成长。

“放养式教育”本身并没有错，但是家长一定要注意规避误区，不能对孩子毫不管教，而要抓住“放养”的实质，为孩子划出一条清晰的界限，让孩子知道什么能做，什么不能做。具体来说，“放养”的实质主要包含以下三个方面。

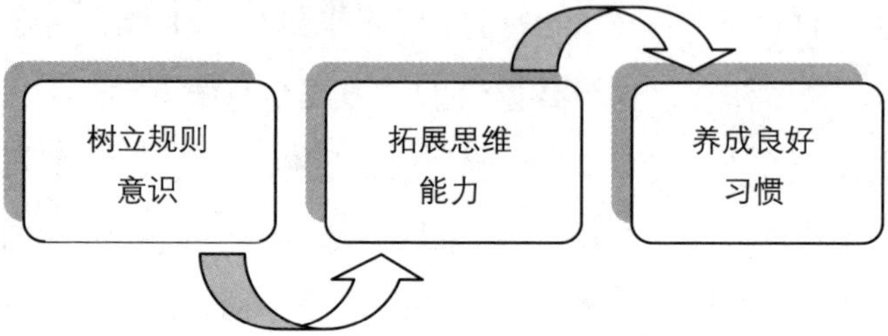

图 5-2 “放养式教育”的实质

一是培养孩子的规则意识。

让孩子做自己想做的事情，不压抑孩子的天性，这本无可厚非，但是这并不代表可以让孩子为所欲为。这个世界是有规则的，只有帮孩子树立规则意识，才能让孩子更好地成长。例如，我们要教育孩子遵守公共秩序，不要插队加塞，不要随意横穿马路，不要在电影院大声喧哗，不要乱丢垃圾、随地吐痰，不要践踏草坪、折损花木……

父母应该给予孩子自由，但这个自由绝不是无限制的，一味地纵容只会让孩子成为无教养、不守规矩的“熊孩子”。放养教育要以规则的养成为前提。家长要切实地扮演好引导者的角色，用积极正向的方式引导孩子，让孩子成为一个奋发有为的正向少年。

二是拓展孩子的思维能力。

真正的放养教育，放的是孩子的思维。在行为上，家长要帮助孩子树立规则意识。但在思维上，家长不能给孩子设置一些条条框框来束缚孩子，而要鼓励孩子大胆地去想。想象力是创新思维的基础，如果家长总是制止孩子“胡思乱想”，就会阻碍孩子思维能力的提升。

家长一定要保护好孩子的想象力。当孩子沉浸在自己的想象中时，我们尽量不要去打扰孩子。即使孩子有一些天马行空的想法，我们也不要进行阻止。我们应该多给孩子提供探索的机会，让孩子多去接触自然、接触社会，让孩子在探索新事物中提升自己的认知能力和思维能力。

三是帮助孩子养成好习惯。

真正的放养教育，养的是孩子的习惯。“放养式教育”提倡释放孩子的天性，但这并不是指漫无目的的放养，肆意放纵只会颠倒孩子的善恶、是非观念，使孩子成为一个满身恶习的人。孩子的天性有善恶两种趋向，需要父母往积极的方向进行引导。

比如，好奇是孩子的天性，家长若加以引导，就可以帮助孩子养成善于观察和思考的好习惯；模仿是孩子的天性，家长若加以引导，就可以避免孩子模仿一些坏行为，养成一些坏习惯。对于孩子来说，良好习惯的养成是其走向成功的开始。

在孩子的教育上，从来没有捷径可走，也没有完全省心的方式。即使在“放养式教育”模式下，孩子同样需要父母用心引导、用心陪伴。我们应该走出教育误区，真正地把握住“放养式教育”的本质，帮助孩子树立规则意识，让孩子形成良好的行为习惯。

二、孩子正在一步步丧失自我

在现代家庭教育中，往往会出现两种偏向：一是对孩子过于放纵，任其放飞自我；二是对孩子过度管教，无论大事小事都要对孩子指手画脚。毫无疑问，这两种偏向都是家长应该规避的教育误区。

幸运的是，我小时候并没有受到过这两种极端教育方式的摧残。虽然小时候我的父母对我管教十分严格，但更多的是在学习方面。在其他方面，他们并不会过度管教我，而是敢于放手让我去做，如独自去放牛、去割草。因此，我慢慢养成了独立自主的性格。我外表虽然柔弱，但内心却无比坚强。

父母“管太多”并不能给孩子带来岁月静好，只会让孩子逐渐丧失自我。很多时候，我们为孩子做得越多，孩子就越举步维艰。父母退一步，孩子才能进一步。父母适当放手，孩子才能学会独立行走。

管教孩子，过犹不及

在培育花草时，有经验的园丁都懂得一个道理，那就是切忌给花草频繁浇水、施肥。花草的根系有向地性，能够不断从地下汲取水分和养分，在这个过程中，根系也会越扎越深。如果园丁频繁地给花草浇水，那么花草获得的水分就主要是地表水，根系也会在地表浅层蔓延，而不会向深处生长，这样风一来就会很容易被吹倒。

其实，养育孩子和培育花草有着相通之处。频繁浇水会让花草扎根不稳，经不起风雨；过度关爱会让孩子丧失自我，难以应对人生中的大风大浪。

在这个极度焦虑的时代，很多父母都在为孩子的未来焦虑着。他们将大部分感情都倾注在孩子身上，不辞辛劳，为孩子竭尽全力，像无人机一样终日盘旋在孩子的上空，时刻监控着孩子的一举一动，时刻准备着出手相助。

图 5–3　过度关爱

在现实生活中，太多的父母都在以爱的名义控制孩子，为孩子包办一切。吃饭、穿衣、睡觉……无论大事小事，父母都要为孩子操心，生怕孩子做不好，并且认为多关注孩子、多关爱孩子，是对孩子负责的表现。

但结果却是，越是父母事事都帮的孩子，就越是什么都不会做。父母“管太多”，就相当于给孩子戴上了沉重的枷锁，这样只会绑架孩子的人生。有时候，父母的过度管教反而会成为孩子逆反的催化剂，会一步步毁掉孩子。

当然，有些时候，孩子确实需要管教。例如，当孩子坐姿不规范的时候，父母应该提醒孩子；当孩子不遵守公共秩序的时候，父母应该提醒孩子；当孩子做一些危险的事情时，如玩火，父母应该制止孩子。

父母应该管教孩子，但是过度管教就会束缚孩子的个性发展，扼杀孩子的主动性和创造性，使孩子养成畏首畏尾的性格，进而一步步丧失自我。

在教育孩子时，家长一定要把握好尺度，拿捏好分寸，掌握好平衡，既要对孩子的一些不良行为加以规范，又要放手让孩子去独立做事，充分给予孩子自由成长的空间。

我们不给孩子机会，怎么知道孩子行不行？父母只有学会放手，让孩子脱离自己的控制，多经历生活的考验，才能帮助孩子练就一颗坚强的心。自己的路要自己走，很多事情都是孩子自己的事，并非父母的责任。让孩子独立思考、独立选择，去感悟人生的酸甜苦辣，这样才能让孩子得到真正的成长。

别折断孩子飞翔的翅膀

家庭教育对孩子的成长有着非常重要的影响，但管教是有限度的，家长不要过分干涉孩子。父母对孩子管太多，不给孩子自由，不让孩子自己去尝试，只会让孩子成为被折断翅膀的小鸟，无法自由飞翔。

家长要学会放手，让孩子自己管理自己。哪怕孩子做不好，只要努力尝试，就能够积累人生经验，从而慢慢练就强大的生活自理能力和学习自觉性。要避免过度管教，我认为家长就要努力做到“六不要”。

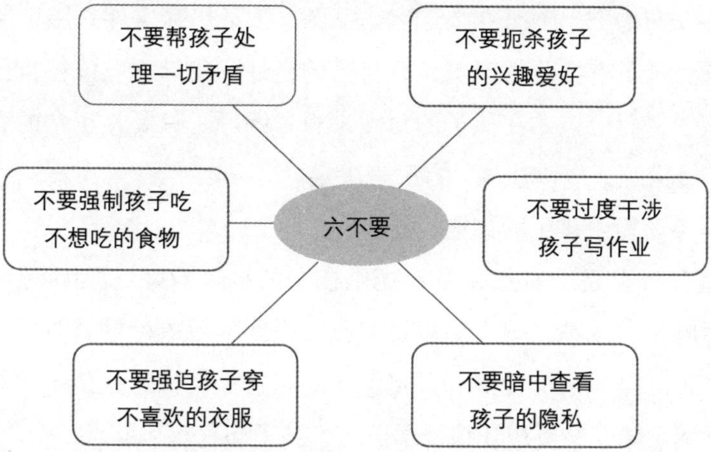

图 5-4 避免过度管教的“六不要”

一是不要帮孩子处理一切矛盾。

在现实生活中，孩子一遇到事情，一些家长就会不自觉地挡在孩子前面，生怕孩子受到一点儿伤害。比如，当孩子在与同伴玩耍时，只要出现一点小矛盾，有的父母就会立刻出面解决。这样做会让孩子失去独立处理问题的机会。

若以后再遇到类似问题，家长又不在身边，孩子就会手足无措，难以应对。其实，对于一些小问题，孩子完全有能力自己应对。只要不是激烈的矛盾冲突，家长就应该让孩子学会用自己的方式去解决。

二是不要强制孩子吃不想吃的食物。

很多父母都很关注孩子的饮食，怕孩子挑食会影响身体发育，因此总是强迫孩子吃自己不想吃的食物。其实父母对此不必过于担忧，只要孩子正常吃饭，只是不吃某种食物，对身体不会有太大的影响，父母应该尊重孩子的意愿，让孩子吃得开心。

三是不要强迫孩子穿不喜欢的衣服。

有些父母总是和孩子的穿着“较劲”，孩子想穿这件衣服，父母却总觉得难看。孩子有自己的审美，有自己的喜好，父母不应该将自己的想法强加给孩子，而应该站在孩子的角度来思考问题。只要是正常的衣服，怎么穿，怎么搭配，应该让孩子自己来决定。

四是不要扼杀孩子的兴趣爱好。

有些父母总是会有意无意地扼杀孩子的兴趣爱好，原因主要有两点：一是怕影响学习成绩，很多父母认为孩子只要学习成绩好就可以，其他的都不重要；二是孩子的爱好和父母的意愿不符，父母想让孩子学钢琴，孩子却喜欢踢足球，父母想让孩子学美术，孩子却喜欢唱歌。

图 5-5　不要扼杀孩子的兴趣爱好

孩子虽小，但也是一个独立的个体，有自己的思想和喜好，家长不应该过多地干涉。若家长强迫孩子按照自己的意愿做事，那么不仅无法提高孩子的学习成绩，还会严重影响孩子的身心健康。家长要善于发现孩子的兴趣爱好，并对其加以培养，这样才能让孩子有一个幸福的人生。

五是不要过度干涉孩子写作业。

很多家长都认为孩子自制力差，不能独自认真完成作业，因而总是去监视孩子。比如，当孩子学习累了准备听音乐提神时，父母看到了就会说：“做作业要专心，一边玩一边学没有效率，做完作业再听音乐。”

做作业是孩子自己的事，父母应该尊重孩子。当遇到问题向家长求助时，家长可以及时给予孩子必要的帮助。但是，家长绝不能过多地干涉孩子，而要相信孩子有自己解决问题的能力。

六是不要暗中查看孩子的隐私。

在现实生活中，有的父母未经孩子同意就偷看孩子的日记或手机，他们认为这是对孩子负责的表现，可以及时发现孩子的问题，并及时纠正。殊不知，这种侵犯孩子隐私的行为不仅会对孩子的内心造成伤害，还可能让孩子也成为一个不尊重他人隐私的人。

每个人都有属于自己的小秘密，都有一些不想与人诉说的小想法。孩子也是如此，家长应该尊重孩子的隐私。其实，了解孩子内心的方式有很多种，家长可以以沟通代替偷窥，多跟孩子谈谈心，这样孩子就会慢慢敞开心扉。

孩子迟早要离开父母的怀抱，父母不可能为孩子操心一辈子。因此，在孩子成长过程中，我们不要做一个事无巨细都管的父母，而要学会放手，给孩子充足的成长空间。这样才能够激发孩子的内在动力和自主性，让孩子把握住自己的人生，让孩子在自主实践中体会到责任感和成就感，从而提升孩子独自面对这个世界的勇气。

三、摧毁孩子的精神炼狱

从教多年以来，我遇到过各种各样的孩子，有活泼开朗的，也有自卑敏感的。这种不同大多是由于家庭教育方式的不同而导致的。经常受到父母鼓励的孩子，性格一般比较开朗；经常受到父母打压的孩子，性格往往比较敏感。

在现代家庭教育中，“心灵施暴”是一种普遍存在而又不易引起父母注意的问题。在一些父母看来，只要不打孩子就不会让孩子受到伤害。实际上，相较于“棍棒教育”，“心灵施暴”给孩子带来的伤害有过之而无不及，是摧毁孩子的精神炼狱。

幼年时期，孩子的内心是非常脆弱的，父母的态度对孩子有着很大的影响。若父母经常贬低、辱骂、恐吓孩子，会对孩子幼小的心灵造成极大的伤害。长期处于父母的软暴力教育模式下，孩子往往会形成自卑、敏感、多疑的性格。

“心灵施暴”的表现

“心灵施暴”给孩子带来的危害不可忽视。近些年来，我们经常会看到孩子跳楼自杀的新闻，这些令人痛心的事件之所以会发生，很大一部分原因就在于父母经常对孩子进行“心灵施暴”，给孩子造成了巨大的精神压力。

在我教过的学生里，有两个孩子让我印象比较深刻。其中一个孩子非常活泼爱笑，非常有自信，并且能很快地融入到集体中。与他妈妈接触几次后，我了解到他妈妈从来不会贬低孩子，即使孩子考试没考好，妈妈也会鼓励孩子。

另一个孩子的情况则完全相反。在发现孩子的心理问题后，我与孩子父母取得了联系。然而父母却不以为然，认为这不是什么大事，还当着我的面训斥孩子。直到有一次，孩子离家出走了，父母才意识到问题的严重性，也意识到了自己的错误。好在他们及时找到了孩子，没有酿成大错。

“心灵施暴”，是家教中看不见的灾难之一，其恶果往往要经过较长时间才能表现出来，因此不易引起父母的注意。很多父母也常常觉得小孩子说一说没什么，殊不知，“心灵施暴”容易造成孩子心理扭曲，是摧毁孩子的精神炼狱。

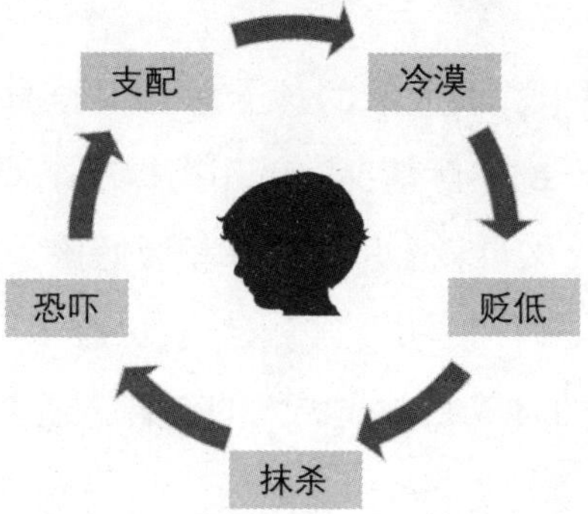

图 5-6 “心灵施暴”的五种表现形式

在家庭教育中，“心灵施暴”主要表现为五种形式：支配、冷漠、贬低、抹杀、恐吓。

1. 支配

每个孩子都有属于自己的天性，而有的父母为了让孩子达到自己设定的高要求，不惜扼杀孩子的天性，严格地控制孩子的所作所为，让孩子完全按照自己的意志行事。若孩子表现出不乐意的态度，父母就会严厉地训斥孩子。更有甚者，在孩子还未犯错的情况下，父母就会先对孩子警告一番，美其名曰：把错误扼杀在摇篮里。

2. 冷漠

在成长过程中，孩子需要父母的爱和温暖。但是，现实生活中却不乏冷漠的父母。当孩子向父母寻求帮助的时候，一些父母常常因为在忙自己的事情而忽略孩子，有的父母甚至会不耐烦地对孩子吼道：“没看见我正忙着呢？别来烦我！”于是，孩子失落地走开。

当孩子调皮犯错时，有的父母因为太过生气会故意给孩子“冷脸”，故意不搭理孩子。父母这样做并不能让孩子真正意识到错误。在父母的长期冷暴力下，孩子不仅感受不到家的温暖，有的还会因为承受不住这种冷漠而离家出走。

3. 贬低

在一些父母的眼中，别人家的孩子总是很聪明，而自己的孩子却很笨。父母常常不顾孩子的实际情况，就用高标准来要求孩子。一旦孩子达不到自己设定的目标，父母就会用言语肆意贬低孩子，如“你真笨”“你怎么这么蠢”“你看看人家多聪明”“你太给我丢脸了”。父母总是这样贬低孩子，不仅会对孩子的自尊心造成极大的伤害，还会影响孩子的智力和心理发育。

4. 抹杀

若孩子没有达到最佳标准，父母就会无视孩子之前的所有努力，全盘抹杀孩子已经取得的成绩。这类家长大都追求完美，对孩子提出的要求往往是不切合实际的。即使孩子表现正常，取得了相对不错的成绩，他们也会认为孩子不够努力。因为在他们看来，孩子本可以取得更好的成绩。

5. 恐吓

当孩子犯错或不听话时，有的父母会不自觉地用一些言语来恐吓孩子，如“你再胡闹就不要你了”“再不听话就把你扔出去”“你再哭大灰狼就会把你吃掉”。父母想用这些话让孩子因害怕而就范，从而停止哭闹行为。但是，这样不仅不能让孩子听话，还会让孩子因经常受到恐吓而形成胆小怕事的性格。

即使不打不骂，“心灵施暴”一样伤害孩子。事实证明，经常遭受“心灵施暴”的孩子，性格孤僻内向，敏感易怒，甚至会出现严重的心理障碍，如恐惧症或焦虑症。这样的孩子难以与同学友好相处，也难以在今后的工作中处理好人际关系，更难以适应社会，有的孩子甚至还会由怨致恨做出一些极端的事情。

➘ 远离“心灵施暴”

世界卫生组织最近给健康下了一个新定义：一个健康的现代人，除生理健康外，还包括心理健康、良好的社会适应能力和道德健康。

在现实社会中，很多父母会有意无意地对孩子进行“心灵施暴”。“心灵施暴”往往源于家长本身的“心理发展障碍”。一些家长在生活或工作上遇到不顺心的事时，就会情绪失调，把自己的情绪发泄在孩子身上。但无论何种原因，都不能成为家长对孩子实施“心灵施暴”的理由。

“心灵施暴”会严重损害孩子的心理健康，并且这种伤害是长期的，可能会伴随孩子的一生。正因为我意识到了这种危害，所以我会就刻意避免对孩子实施“心灵施暴”，尽全力给孩子营造一个充满爱的成长环境。具体来说，我是通过以下三种方法来让自己远离“心灵施暴”的。

图 5–7　远离“心灵施暴”的方法

一是和孩子进行良好的沟通。

沟通是家长避免对孩子进行“心灵施暴”的有效方式。当孩子犯错后，家长可以先询问原因，听听孩子的解释，不要着急给孩子“定罪”。有时候，自己看到的并非事情的全貌，此时我们所做的判断就是片面的，这对孩子来说也是不公平的。

二是尊重孩子的想法。

孩子从出生起就是一个独立的个体。他们需要自由成长的空间，他们对世界有着自己的看法。家长应该尊重孩子的想法，让孩子自己去做选择、自己去承担一些事情。即使孩子做不好，但是孩子认真做事的态度也是值得家长尊重的。不过多地干预孩子，不以爱的名义绑架孩子，家长实施“心灵施暴”的机会也会随之减少。

三是降低对孩子的要求。

每个孩子都有自己擅长的事和不擅长的事。家长要充分了解孩子的特长，在此基础上，为孩子制订切实可行的计划和目标，而不是一味地制订孩子难以企及的高目标。当家长适当地降低对孩子的要求和期待，并使孩子的特长得到充分的发挥，孩子就更容易取得成功。面对孩子的成功，家长自然就不会对孩子进行“心灵施暴”。

“心灵施暴”就像一场狂风骤雨，会严重地摧残孩子幼小的心灵。为了让孩子以更好的心态应对人生风雨，获得健康成长，家长必须转变对孩子的态度，远离“心灵施暴”，给予孩子足够的爱和温暖。

四、压垮孩子的最后一根稻草

望子成龙、望女成凤是每个父母心底最热切的期盼。每个父母都想把孩子培养成人才，各科成绩都要好，钢琴要过 10 级，比赛要取得好名次，别的孩子会的自己的孩子必须会，别的孩子不会的自己的孩子也要会。

不可否认，在父母的高期待下，有的孩子确实越来越优秀。但是，对于大多数孩子来说，父母的高期待却是孩子的噩梦，会让孩子逐渐迷失在无尽的黑暗中。

作为一名教育工作者，我把我的绝大部分时间都奉献给了孩子。正是因为终日和孩子相处，我更加深刻地体会到了孩子的不易。有太多的孩子都是为了满足父母的高期待而学，因此失去了自己的童真，失去了天真烂漫的笑容。这是最令我痛心的。

高期待下的“牛蛙之殇”

在这个竞争异常激烈的时代，很多父母从小就给孩子规划出了宏伟的人生蓝图，制订了严格的学习计划，报了各种特长班，让孩子每天像陀螺一样不停地旋转，想把孩子打造成自己期待的样子。

殊不知，很多孩子倾尽全力也难以达到父母的期待，这时孩子就会产生巨大的压力，甚至会产生自卑、焦虑、悲观等消极情绪。当这些消极情绪出现之后，孩子不仅连正常的学习效率都达不到，还会导致自己的身心出现一系列问题。

我曾经在网络上看到过一篇备受关注的文章叫《牛蛙之殇》。文章讲述的是发生在上海的一场耗时 3 年的“牛蛙战争”。灿灿是这场战争的“受害者”，一名 6 岁的小男孩。

灿灿的父母都是精英阶层，因此他们对孩子有着很高的期待，希望孩子将来能够超越自己。于是，爸爸妈妈很早就为灿灿规划好了一切，希望灿灿能够按照“著名私立小学——著名私立初中——著名公立高中——世界名校”的“牛蛙”式路线成长。

为了让灿灿顺利考上上海四大民办小学，从灿灿 3 岁开始，爸爸妈妈便开始了“牛蛙模式”的培训计划，为灿灿报了各种培训班、兴趣班，每天不厌其烦地为孩子灌输大量超越年龄层的知识，还设置了各种考核来检测孩子的学习成果。

在灿灿的父母看来，这是行之有效的方法。那么，这种教育的结果究竟如何呢？

长达 3 年的备考并没有让灿灿顺利考入上海四大民办小学。在参加最有希望上的一所小学的最后一轮面试时，灿灿突然出现不自主地挤眉弄眼、耸肩等症状，学校说这是幼儿抽动症，并以此病为由拒绝接收灿灿，因此灿灿最终失去了进入著名民办小学的机会。

医生说灿灿患病是由于长期遭受巨大的压力导致的，这种病虽然不致命，但是很难治愈。其实，灿灿之前就出现过这种症状，只是爸爸妈妈只关注孩子的学习，而忽略了其他。

努力了 3 年，却等来了这样的结果，残酷的现实让灿灿的父母陷入了沉思。他们终于意识到自己不该对孩子抱有过高的期待，不该给孩子巨大的压力，不该剥夺孩子灿烂的童年。

为了在教育这场“战争”中赢得胜利，灿灿的父母拼命催促着孩子往前跑，使得灿灿不堪重负患上了抽动症。最终，这场耗时 3 年的“牛蛙战争”以失败告终。

很多父母都是在孩子出现了重大问题之后才会反思自己，然而往往这时候已经晚了。父母对孩子有多高的期待，孩子就会有多大的压力。当然，这并不是说父母就不能对孩子有所期待，而是不应该只关注结果本身，忽略了孩子的身心健康。

教育不是“成功学”

我们总是对孩子有过高的期待，希望孩子考入名校，成为科学家、医生、律师、企业家或官员。对此，大多数孩子都不敢反抗，只能牺牲自己的真实需求来尽力满足父母的期待。这样一来，孩子的所有学习都将变成被动的，而不是出于兴趣。

图 5-8　父母的高期待

父母对孩子的高期待和高投入，实际上是一种自我焦虑。父母希望在孩子身上实现自己未曾实现的理想，弥补自己的遗憾。然而，这并非一种健全的教育，真正健全的教育是让孩子的童年属于自己，中年也属于自己，老年还属于自己。

实际上，教育从来都不是“成功学”。教育的目的不是让孩子获得成功，而是让孩子不断完善自己的内心，度过一个真正幸福的人生。

只有明白教育的真正目的，父母才能摆脱高期待。那么，在此基础上，父母该怎样向孩子表达自己合理的期待呢?

1. 不要对孩子有“期待性控制”

很多父母都对孩子有过高的期待，一旦孩子出现了不符合自己期待的行为，父母就会对孩子横加干预，这就形成了一种“期待性控制”。在父母的“期待性控制”下，孩子的自我成长就会受损，并且这种损害是不可逆转的。父母应该避免对孩子进行“期待性控制”，让孩子按照自己的成长节奏自由成长。

2. 把期待保持在祝福的层面

父母都渴望孩子优秀，希望孩子能够幸福，这是人之常情，也是我们对孩子最美好的祝福。这种祝福本是一种抽象的概念，但是，一些父母却将自己的期待具体化，认为考上名校才是优秀，有钱才能幸福，这样只会让祝福变成束缚。什么是优秀，如何才是幸福，我们都应该让孩子自己去感受。

3. 让孩子懂得学习的意义

龙应台曾给自己的孩子写过这样一段话:“孩子，我要求你读书用功，不是因为我要你跟别人比成绩，而是因为，我希望你将来会拥有选择的权利，选择有意义、有时间的工作，而不是被迫谋生。”

如果家长让孩子真正懂得学习的意义，就能让孩子对学习长期保持一种良好的态度。家长不妨问问孩子将来想做什么，然后对孩子的这一理想进行肯定，告诉孩子这种想法非常好，最后再告诉孩子要实现这一理想需要付出怎样的努力，让孩子明白自己的努力是有意义的。

每个父母都希望孩子能在学业和事业上有所成就。父母对孩子有所期待是正常的，只要期待值在合理的范围内，就能够带给孩子一些方向感，对孩子的成长起到积极的促进作用。相反，若父母忽视孩子的能力，只是一味地高期待，那么不仅无法激励孩子进步，还会产生巨大的破坏力量而伤害到孩子。

为人父母，请别让自己的高期待成为压垮孩子的最后一根稻草。

第六章

以爱之名，把教育做成一件乐事

每个孩子都是一朵花，有各自盛开的季节。在教育孩子时，父母要做的就是给予其充足的养分，然后静静等待。对于孩子来说，父母的爱就是孩子成长所需的养分。只有给予孩子最深沉的爱，才能使孩子形成健全的人格。

以爱之名，才能实现心与心的交流。我们要有足够的耐心等待孩子成长；我们要以平和的情绪对待犯错的孩子；我们要用心倾听孩子的心声；我们要信任孩子的品性和能力；我们要用心陪伴孩子；我们要为孩子树立榜样。

一、教育是一种慢养的艺术

俗话说：“十年树木，百年树人。”小树苗长成参天大树，需要经过一个极其漫长的过程。一棵树，生长得越慢，年轮越紧密，核心就越强壮，长大后抗击风雨的承受能力也就越强。孩子也是如此，他们有着自己的成长规律和节奏，需要一些成长的时间。

作为一个在英语教育行业深耕 12 年的教育工作者，我并没有因为自己是一个专业的英语老师，因为我女儿出生在国际三语（中文、英文、瑞典语）家庭，就早早地给她灌输大量的英语知识，因为我知道这对于年幼的她来说是理解不了的。

我认为教育是一种慢养的艺术，是一个循序渐进的过程。我女儿 3 个月大的时候，我只是给她看一些印有精美图画的布书；两岁左右的时候，我开始给她听一些简单的英文儿歌；3 岁左右的时候，我开始给她看一些简单的英文绘本。在我的悉心教导下，我女儿正在慢慢地、健康地成长。

教育家叶圣陶先生曾说：“教育是农业而不是工业。”工业是快节奏的，讲究的是流水线作业；而农业是慢节奏的，必须按时令操作。自然从容，是生命成长的一种本真状态，也是教育应具有的一种优雅姿态。

孩子，你慢慢来

“我，坐在斜阳浅照的石阶上，望着这个眼睛清亮的小孩专心地做一件事；是的，我愿意等上一辈子的时间，让他从从容容地把这个蝴蝶结扎好，用他五岁的手指，孩子慢慢来，慢慢来。”台湾著名女作家龙应台在《孩子，你慢慢来》这本书中如是说。

孩子降临到这个世界上，就是一个独立的个体，有着自己的成长规律，慢慢地长大。父母给孩子最好的教育，就是像龙应台所说的一样耐心等待，多给孩子一些成长的时间。当孩子在专注地做一件事情时，我们应该跟孩子说一句:“孩子你慢慢来，我等你。”

然而，现实情况是，很多父母在教育孩子时都做不到耐心等待，总是急功近利，追求即时和强烈的获得感，希望自己的付出能“立竿见影”。

处在快节奏的社会中，我们时刻都在跟时间赛跑，习惯了做任何事都抢先一步，这也使得我们的控制欲和焦虑感越来越强。于是，为了不让自己的孩子落后于人，一些父母总是在拼命地催促孩子，希望孩子能在短时间内得到快速成长。

一旦发现孩子没有跟上自己的步伐，没有达到自己理想中的状态，父母就会拼命地催促孩子，甚至对孩子横加指责，就像台湾作家张文亮在《牵一只蜗牛去散步》中所写的那样。

上帝给我一个任务，叫我牵一只蜗牛去散步。我不能走得太快，蜗牛已经尽力爬，每次总是挪那么一点点。我催它，我唬它，我责备它。蜗牛用抱歉的眼光看着我，彷佛说:“人家已经尽力了嘛！”我拉它，我扯它，我甚至想踢它。蜗牛受了伤，它流着汗，喘着气，往前爬……

真奇怪，为什么上帝叫我牵一只蜗牛去散步？“上帝啊！为什么？”天上一片安静。“唉！也许上帝抓蜗牛去了！”好吧！松手了！反正上帝不管了，我还管什么？任蜗牛往前爬，我在后面生闷气。

在一些父母的眼里，自己的孩子就像这只小小的蜗牛，总是爬得很慢很慢。于是，为了让孩子快速成长起来，父母就会催促孩子，责备孩子，甚至打骂孩子，而从来不会静下心来等待孩子。

教育需要慢慢来，不能一蹴而就。即使在快节奏社会中，“以快制快”也并非一种最理想的教育方式。完全忽视孩子成长节奏的“快教育”，会破坏孩子的成长根基，伤害孩子幼小的心灵，会让孩子一点一点地失去他们最美好的时光，甚至会让孩子丢失掉自己的灵魂。

教育孩子就像牵着一只蜗牛在散步，需要父母细心的呵护、真诚的鼓励和耐心的等待。

孩子需要慢慢成长，别让孩子成为一只受伤流泪的蜗牛。教育路上，我们应该时常回头看看孩子的节奏，看看孩子已经前进了多少，而不是一味地去计较孩子到底有多慢。每个孩子都有自己的成长规律，都有自己的花期，我们要做的就是“悉心浇灌，静待花开”。

➘ 慢教育，才能真成长

如今的父母都太焦虑了，眼中都是“别人家的孩子”，一直拼命地催促孩子快点成长，生怕自己的孩子落后于他人。殊不知，缺乏耐心的父母，不仅无法让孩子得到快速成长，还会让孩子也陷入深深的焦虑中。

对于孩子来说，最好的教育就是慢教育。慢教育的智慧在于：遵循孩子的成长规律和节奏，给孩子输入可接受的信息量，使孩子真正体会到生活和学习的乐趣，从而让孩子获得更多成长的力量，形成深沉厚重的人格，拥有健康美好的心灵。

那么，我们怎样才能做到慢教育呢？在教育女儿时，首先我会遵循她的认知规律，帮她设定合理的预期目标，更重要的是我明确了教育的终极目的。家长在教育孩子时，不妨从这三个方面来进行。

1. 遵循孩子的认知规律

孩子的认知能力是随着年龄的增长而逐步提高的。婴儿期，孩子还不会说话，也没有思维，主要靠动作探索世界；学前期，孩子开始具备形象思维；小学阶段，孩子开始具备逻辑思维；青春期，孩子开始具备抽象思维。

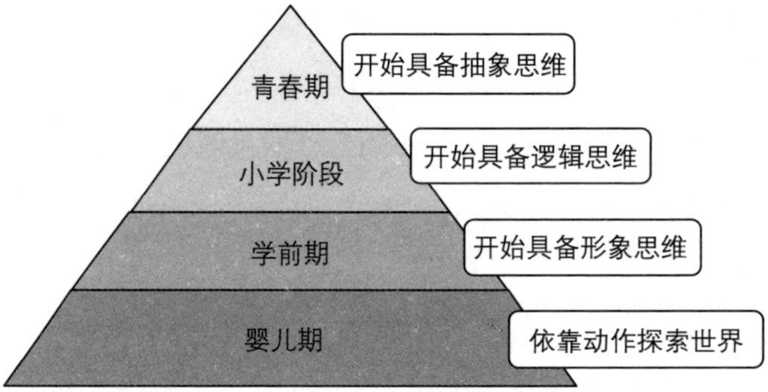

图 6-1　孩子的认知规律

慢教育，要求我们要按照孩子的认知发展规律教育孩子。父母如果急于求成，过早地给孩子灌输大量难以接受的信息，不仅无法使孩子得到快速成长，还可能导致孩子性格缺陷，如自卑、抑郁。儿童就要像儿童的样子，如果我们打乱了这个秩序，孩子这颗果实就会因过于早熟而腐烂。顺应孩子的天性，让孩子快乐成长，才是对孩子最好的教育。

2. 设定合理的预期目标

我们所说的慢教育，并非指不进取、不作为，而是强调教育孩子不能急功近利。这就要求父母要为孩子设定一个合理的预期目标。如今，父母对孩子都有着较高的期待，望子成龙、望女成凤，这无可厚非。但是，为了达成这一目的，盲目地采取“拔苗助长”式教育，不断地以高要求压迫孩子，只会适得其反。

每个孩子都是独一无二的，都存在着明显的个性差异，都有着自己的成长模式。有的孩子成长得快，有的孩子成长得慢。如果自己的孩子属于后者，父母也不必心急，因为大器晚成的人也有很多。在孩子的成长过程中，父母应该多一些耐心，多给孩子一些成长的时间，帮助孩子慢慢养成良好的生活习惯和学习习惯。

3. 明确教育的终极目的

古希腊哲学家西塞罗曾说："教育的目的是让学生摆脱现实的奴役，而非适应现实。"但如今我们却看到了完全相反的情形，很多父母在培养孩子时都是以适应社会发展的需要为目标的。诚然，孩子作为社会中的人，应该学会适应社会，但这绝对不是教育的终极目的。

教育，不只是为了让孩子获得适应社会需要的知识和技能，更是为了丰富孩子的内心，让孩子拥有美好的心灵和高尚的灵魂。知识和技能也许可以通过"快教育"得到快速提升，但是精神和灵魂则需要在慢教育的过程中缓缓升华。在教育孩子时，只有明确了教育的终极目的，父母才能真正地慢下来、静下来，才能帮助孩子得到真正意义上的成长。

任何成功都需要岁月的沉淀，任何成果都需要时间的积累。父母慢慢爱、慢慢教，孩子慢慢学、慢慢长，这便是教育最理想的状态。教育是一种慢养的艺术。我们要摒弃浮躁和功利，给予孩子思考的时间，给予孩子内化的时间，陪孩子一起静静地感悟人生的美好。

二、孩子犯错时，请给他四颗糖

现代社会已经不再提倡“棍棒教育”了，但是逐渐催生出了一个新的庞大族群——“怒吼族”。

只要孩子犯了一点小错，或者一些事情做得不够好，“怒吼族”就开始对孩子大吼大叫。在“怒吼族”看来，小孩骂一骂没事，因为怒吼不会对孩子的身体造成伤害。殊不知，怒吼对孩子所造成的心灵伤害具有更强大的杀伤力。

这让我想起自己上学前班时的一次经历。有一次上音乐课，我在课堂上拿蜡笔画画，结果被老师训斥，然后拉到院子里罚站，这对我的伤害特别大，直到现在我对音乐都提不起兴趣。从教育理念上去反思，我觉得童年时期被鼓励的地方就越来越强，被打击的地方就越来越弱。

孩子幼小的心灵非常脆弱，极易受到创伤，所以我们教育孩子的方式很重要。抨击式教育注定是失败的。在教育孩子时，春风化雨般的温柔往往比大声呵斥更有力量。

➘用“四颗糖”感化孩子

“你看看你，把书都弄湿了。”

“这么大了还不懂事，就不能让我省省心！”

“别瞎搞了，滚回房间去！”

在妈妈的大声呵斥下，3岁的娜娜“哇”的一声哭了起来。

看到女儿哭了，妈妈又继续吼道：“哭什么哭，就知道哭。”

娜娜一下子哭得更厉害了。

事实上，娜娜只是想帮妈妈做家务，就拿着一块湿漉漉的抹布往书桌上擦。但是因为年龄小，娜娜没有把抹布拧干，所以才把书弄湿了。娜娜的出发点本是好的，可妈妈却认为女儿只是在瞎玩儿，在给自己添麻烦。

在现实社会中，很多家长都像娜娜妈妈一样，孩子犯一点小错，就对孩子大声吼叫，丝毫不顾孩子的感受。这样不仅无法让孩子认识到错误，更会摧残孩子幼小的心灵，导致孩子出现心理问题。

那么，什么样的教育方式才是最好的呢？我们可以来看一看教育家陶行知是怎样对待犯错误的孩子的。

一次，一个学生正在用泥块砸自己的同学，陶行知发现后立即制止了他，并让他放学后到校长室去。放学后，陶行知来到校长室，发现这名学生早已在门口等着挨训了。

但是，陶行知却掏出一颗糖果给他，并说：“这是奖给你的，因为你很准时，而我却迟到了。”对于陶行知的这种行为，这名学生感到非常意外。

随后，陶行知又掏出第二颗糖果放到他的手里，说：“第二颗糖也是奖励你的，因为我不让你打人时，你立即住手了。”这名学生惊讶地看着陶行知。

接着陶行知又掏出第三颗糖果塞到他手里，说：“我调查过了，你用泥块砸那些男生，是因为他们欺负女生。这说明你很正直善良，并且有跟坏人作斗争的勇气。”

收到第三颗糖果后，这名学生感动极了，他后悔地哭着说：“陶校长，我错了，我砸的不是坏人，而是同学……”

这时，陶行知满意地笑了，随即掏出第四颗糖果，说：“你能够正确地认识自己的错误，我再奖给你一颗糖果。我现在没有糖了，我们的谈话也可以结束了。”

面对调皮的孩子，很多家长会直接训斥，结果孩子不但不改正，反而更加叛逆。但陶行知却另辟蹊径，奖励做错事的孩子。事实上，陶行知也并非因为孩子犯错了而奖励他，而是在这件事情中，他通过理性分析发现这个孩子守时、听话、善良、正直，这也正是这名孩子值得奖励的地方。

调皮是孩子的天性，但调皮的孩子并不是“罪无可恕”的，他们也有着善良的初衷，内心深处也渴望得到父母的理解和尊重。当孩子犯错时，家长不问缘由，上来就是一顿打骂，只会激起孩子的逆反心理。

陶行知给犯错的孩子“四颗糖”，这不单单是一种奖励，更代表了对孩子的理解和尊重。孩子犯错了，惩罚不是目的，让孩子真正意识到自己错了才是目的。很多时候，微笑比训斥往往更有力量。

“四颗糖”的内涵

孩子是一个个有血有肉、有温度的生命体，我们不能让教育变成冰冷的缺乏人性的枷锁。为人父母，我们应当多给予孩子一份爱、一份宽容、一份理解、一份尊重，努力把家庭建设成为充满爱、可依赖的生命摇篮。当孩子犯错时，请给他“四颗糖”。

第一颗糖是关爱。

爱是一种能触及孩子内心深处的教育方式。孩子就像娇嫩弱小的幼苗，需要阳光和雨露。家长给予孩子足够多的关爱，才能让孩子健康成长，从小幼苗长成参天大树，成为栋梁之才。正如陶行知先生所说："真教育是心心相印的活动。唯独从心里发出来，才能打动心灵的深处。"

第二颗糖是宽容。

很多家长都觉得自己的孩子是个"问题孩子"，别人家的孩子都很优秀。"人非圣贤，孰能无过。"何况是小孩子。当孩子犯错时，父母不要急于去批评和惩罚，因为粗暴的态度并不能很好地解决问题，反而容易激化矛盾。

父母应该以一颗宽容的心，冷静对待，仔细剖析问题产生的原因。对于孩子的无心之过，或一些不涉及原则性的问题，父母不妨宽容一些，给孩子一个改正错误的机会，给孩子一个快乐的成长空间。

第三颗糖是理解。

鲁迅曾说："孩子的世界，与成人截然不同；倘不先行理解，一味蛮做，便大碍于孩子的发达。"不仅成年人渴望被理解，孩子对其也有着极其强烈的期盼，尤其是希望得到父母的理解。

近些年来，我们经常会看到一些令人痛心的报道。2019 年 3 月，江苏一名 9 岁的小男孩从家中跳楼自杀，而自杀的原因竟是打碎了学校的玻璃。2019 年 4 月，某职校二年级的 17 岁男孩，因在校与同学发生矛盾后遭到母亲批评，于是跳下大桥。

此类事件之所以频频发生，很大一部分原因是父母不理解孩子，常常训斥、苛责孩子。孩子毕竟是孩子，在成长的过程中难免会犯一些错误，这是成长所必经的过程。父母要重视孩子的感受，主动去窥探孩子的内心世界，多体谅孩子，多倾听孩子的倾诉。

第四颗糖是尊重。

积极的教育方式能够对孩子产生更加积极的影响。孩子需要尊重就像植物需要阳光一样。很多时候，父母都不尊重孩子的想法，认为孩子提出来的问题，就是在瞎嚷嚷，而不是尊重孩子的想法，认真去求证。

尊重能够拉近父母和孩子之间的心理距离。父母尊重孩子，就要给孩子决定权，让孩子自己做决定；就要尊重孩子的隐私，给孩子一些私人空间；就要让孩子拥有言论自由，让孩子能够畅所欲言地表达自己的想法。

没有教不好的孩子，只有不会教的父母。只有教育方法正确，才能让孩子的梦想得以启航，精神得以慰藉，思想得以升华。当孩子犯错时，请不要再大声吼叫，用“四颗糖”来感化孩子，才能让孩子从内心真正认识到自己的错误，形成健全的人格。

做零吼叫父母

怒吼族经常对孩子大喊大叫，当孩子犯错时，他们会严厉地训斥孩子；当孩子不写或不会写作业时，他们同样用怒吼来表达自己的愤怒。有的父母甚至情绪激动到脑梗住院。每每看到这样的新闻，我们都会当成一个笑话来看。事实上，这种新闻反映出了当今时代家庭教育的现状：父母不懂教育，不知道怎么教育孩子。

父母是孩子来到这个世界上的第一任老师，对孩子性格的养成有着极其重要的影响。那么，为人父母，我们应该怎样去教育孩子呢？不对孩子吼叫，时刻保持情绪平和，是父母教育孩子的最好方式，而保持情绪平和的关键就在于三个字。

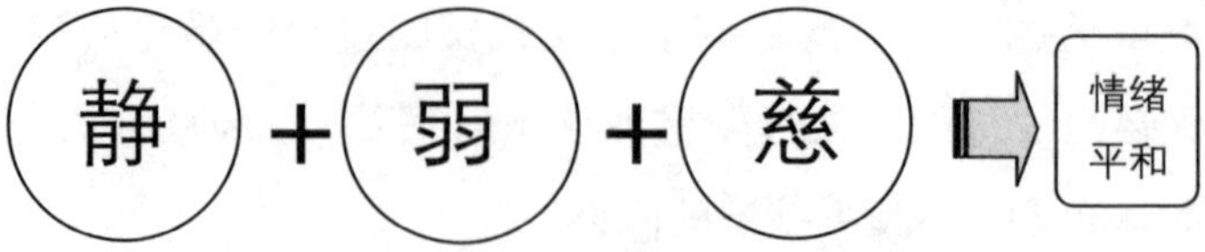

图 6-2　保持情绪平和的方法

第一个字是静。

孩子的感受力是很敏锐的。父母在孩子的世界中具有绝对的威严，一点点情绪变化都会影响到孩子。如果父母对孩子发火了，孩子平息自己内心的紧张情绪都需要耗费大量的精力，那么用于学习、用于自我成长的精力就会大大减少。

家庭本应是温暖的港湾，本应是一个充满爱的地方。幼小的孩子最需要的是来自于父母的关怀和引导，而不是成为父母坏情绪的回收站。每个孩子都需要父母用良好的情绪去孕育和保护。无论对待孩子的优点还是缺点，父母都要保持心情平静，耐心引导，这样才能赋予孩子成长的动力。

第二个字是弱。

父母在孩子面前要学会示“弱”。父母若过于强势，孩子会慢慢失去竞争力和做事的主动性，自信也会被一点点地削弱。更甚的是，孩子和父母之间还可能会产生激烈的矛盾冲突。

父母总是以强势的姿态出现在孩子面前，会给孩子带来很大的压力。懂得在孩子面前示弱的父母，教育出来的孩子往往更自信、更坚强。对于孩子有能力做的事，家长不妨大胆放手，假装自己“不行”，把机会留给孩子，让孩子主动去尝试。

需要注意的是，示弱不等于屈服。比如，孩子已经玩儿了很长时间的电脑了，还想继续玩儿，这时你必须阻止他，而不能说“我管不了你了，你随便吧”这种话。家长示弱的基本原则是：有助于孩子的成长。

第三个字是慈。

在教育孩子时，父母的慈爱、温柔和耐心能够产生巨大的能量。一个家庭因为父母的慈爱而和睦，孩子因为父母的慈爱而感受到家的温暖，获得人生的方向。但是，如今的父母越来越做不到“慈”了。

“严父出孝子，慈母多败儿”，这是很多父母信奉的教育理念。在现实生活中，很多家长都认为只有严厉才能教出好孩子，所以一旦孩子犯了错误，或某件事做得不好，父母就严加训斥，丝毫不在乎孩子的感受，也不探究孩子犯错的原因。

心理学告诉我们，孩子的问题主要是情绪问题，孩子学习不好大都是因为被负面情绪困扰，而这种负面情绪往往就来自于父母。家长内心的焦虑与浮躁往往还会导致孩子出现各种心理问题，如自卑和自闭等。

教育的本质是，用一个灵魂唤醒另一个灵魂。在现代家庭教育中，父母积极转变角色，成为温和的引导者，是当务之急。为人父母，不应做凛冽的寒风，肆意伤害孩子幼小的身躯和心灵；而应做温和的春风，当孩子身处困境时，及时给予孩子温暖和关爱。

三、且慢，请听孩子把话说完

“爸爸，我作业写完了，可以……”

“又想玩儿游戏吧？天天就知道玩！”

“我只是想问你可以帮我检查一下吗？”

在教育孩子时，很多父母都常常抱怨孩子不听话。但是我们应该反思一下，自己是否认真地倾听过孩子的心声。现实情况是，当孩子向父母诉说自己的想法时，很多父母都以敷衍、打断、说教、训斥的方式和态度对待。

人人都渴望被倾听，孩子也是如此。无论在教学中，还是在教育我女儿时，我都非常重视倾听孩子的心声。我知道孩子是一个独立的个体，他们都有表达自己想法的权利。父母只有学会倾听，才能准确地了解孩子的所思所想，从而消除对孩子的误解，拉近彼此之间的关系。

➘ 倾听的力量

父母总觉得自己很了解孩子，一眼就能看穿孩子的心思，因此总是在孩子话说到一半时就打断孩子，觉得自己已经猜到了孩子的心思，不必再听下去了。

事实上，在孩子还没有把话说完的情况下，我们听到的信息是不完整的，这时如果我们主观臆断，仅凭自己的猜想就对孩子说的话妄下判断，这对孩子来说是不公平的。

我曾经教过一个 6 岁的小男孩，叫阳阳。原本阳光开朗的他，却总是闷闷不乐，因为他的妈妈总是不听他把话说完。

一天放学后，阳阳急切地跑回家，跟妈妈说："妈妈，我告诉你一件事。"

妈妈见他满头大汗，于是就责备道："让你不要这么莽莽撞撞的，看你跑的一头汗。"

阳阳又说道："妈妈，我跟你说件大事。"

结果妈妈却说："你能有什么大事啊，别说了，赶紧去写作业。"

妈妈的话让阳阳感到非常失落。原来，阳阳今天在跑步比赛中获得了第一名，准备和妈妈分享这个好消息。可是，妈妈却觉得阳阳是因为不愿意写作业，所以故意在拖延时间。

父母若忽视孩子的情感表达，经常打断孩子说话，总是进行无穷无尽的单方面说教，势必会对孩子的成长造成一些不良的影响。

表 6-1　不懂得倾听的危害

造成孩子出现语言障碍	造成孩子出现心理问题
幼儿阶段是孩子语言表达的敏感期。家长应该给孩子创建一个良好的语言环境，用心倾听孩子说话，多跟孩子交流。如果父母总是打断孩子说话，不和孩子进行交流互动，就会导致孩子的语言发育落后于其他孩子，使孩子出现语言障碍，如讲话结结巴巴。	家长若对孩子的表达漠不关心，或者常常责备孩子，就会使孩子内心的情感无法得到有效的释放。总是被拒绝的孩子，会慢慢地产生自卑心理，容易自我怀疑和自我否定，会变得越来越敏感，心理承受能力也会越来越差。

毫无疑问，每个父母都是爱自己孩子的，但是爱不仅仅体现在满足孩子的物质需求，更体现在尊重孩子的想法。学会倾听就是尊重孩子的一个重要表现。倾听可以增进沟通，促进理解。父母学会倾听，才能走进孩子的心灵深处。

通过用心倾听，父母可以准确地了解到孩子的情感需求，察觉到孩子的心理变化，使自己避免在还未了解事情全貌的情况下做出错误的判断，从而使亲子关系更为融洽。

通过用心倾听，孩子的独立思考能力和语言表达能力就能得到提高，因为孩子能够通过父母的倾听感受到父母对自己的尊重，因而也就更加敢于表达自己的想法，乐于去进行独立思考。

倾听是父母和孩子建立良好关系的一条纽带，是构建和谐的亲子关系的重要前提。父母都应该具备倾听的意识，学会倾听孩子的心声。倾听的力量是巨大的，父母耐心地听孩子把话说完，多给予孩子一些关爱和鼓励，能够使孩子幼小的心灵得到滋养和安慰。

➘ 学会倾听，是父母的必修课

真正的教育是心与心的对话。在孩子的成长过程中，孩子最需要的就是父母的爱和倾听。倾听，是父母走进孩子内心深处的一道桥梁。只有善于倾听，我们才能真正地了解孩子的内心世界，才能真正地帮助孩子健康成长。

学会倾听，是每一位父母的人生必修课。从事教育行业后，我也一直在研修这门课，并对于如何倾听有了一些自己的感悟。

首先，学会沉默，耐心听孩子把话说完。

当孩子所表述的内容离我们对孩子的期望相差甚远时，我们总是会忍不住打断孩子，并急于告诉孩子什么才是正确的。这样做不利于培养孩子的语言表达能力，甚至会使孩子出现心理问题。法国教育学家帕梅拉·德鲁克曼曾说："即使孩子有不对的地方，父母也有责任倾听并且领会他们的动机。"

孩子跟我们讲述事情，不管他做的是对还是错，都是对我们的信任，因此我们首先要做的就是维护这份信任，让孩子完全没有顾虑地把自己的想法说出来。家长应该学会沉默，即使发现孩子真的说错了，也不要急于纠正，而要先耐心地听孩子把话说完。之后，家长可以用温和的语气问孩子为什么这么想，引导孩子自己发现错误，而不是直接指出错误。

其次，用心倾听，感悟孩子的情感变化。

当孩子跟父母讲一件事情时，有的父母虽然没有打断孩子，但也没有认真听，因此做不出积极的回应，更给不了孩子正确的指导。这样一来，孩子的倾诉就是无效的，家长的教育也是无效的。

我们一定要用心倾听孩子的想法，当孩子开心地说一件事情时，我们要跟着孩子一起笑；当孩子讲述一件令他苦恼的事情时，我们也要适当地迎合一下孩子的情绪，然后等孩子说完后及时地给予孩子指导和安慰。我们一定要站在孩子的角度去感受，不要否定孩子的情感，那样就会让孩子失去说的兴趣。

最后，学会蹲下，和孩子进行平等交流。

意大利幼儿教育家蒙台梭利曾说："永远不要站着和孩子说话。"很多时候，父母总是居高临下地斥责孩子，这样并不能真正地了解到孩子的需求，倾听到孩子的心声。身为父母，一定不能用成人的思维来衡量孩子，也不能用成人的姿态来要求孩子。放低姿态，蹲下身体，与孩子进行平等交流，耐心地听孩子诉说，才是良好的倾听方式。

图 6-3　和孩子进行平等交流

相比让孩子听话，学会倾听才是每一位父母的必修课。孩子倾诉的习惯并非与生俱来，需要父母为孩子营造一个可以自由表达的环境。父母不仅要学会倾听，还要在倾听中融入对孩子的爱、宽容和鼓励。如此一来，孩子就能够从父母这里获得信任感，就会更加乐于向父母倾诉，形成一个良性循环。

真正的教育是一种心与心的交流，耳朵就是通向心灵的路。听孩子把话说完，是对孩子的一种尊重，是父母爱孩子的一种具体表现形式。通过倾听，父母能够更好地走进孩子的心灵，读懂孩子的心思，感悟孩子的情感。

四、有一种爱，叫“相信孩子”

如今，我女儿已经 4 岁了，当我在洗碗或者洗衣服的时候，她总是会凑过来帮我，我并不会因为她年纪小就拒绝她，而是会鼓励她一定能够做好。但是，有些妈妈却会对孩子说：“你太小了，别把碗打碎了伤着你，妈妈自己来吧。”

很多父母都认为孩子太小了，没有独自做好一件事情的能力。因此，父母总是替孩子思考，替孩子做决定，并认为这是对孩子负责的表现。其实，这更体现出了父母对孩子的不信任。这种以不信任为前提的负责，只会打击孩子做事的信心，不利于孩子的成长。

陶行知先生曾说：“人人都说小孩小，小孩人小心不小，你若以为小孩小，你比小孩还要小。”孩子虽然能力有限，但是也能做他们力所能及的事。父母应该相信孩子，给予孩子锻炼的机会，允许孩子去做一些他们能够做到的事情，这样才能增加孩子的自信心。

↘ 别替孩子做决定

我们都渴望得到他人的信任。当我们在做一件事情时，如果他人十分信任自己，那么我们就会有很大的信心去做好这件事。孩子亦是如此，他们也希望自己能够得到父母的信任。但现实情况是，很多父母都不信任自己的孩子，更多的是担心孩子把事情搞砸。

幼儿时期，父母总是担心孩子自己吃不好饭，会影响身体发育；担心孩子会被冻着给孩子穿很多衣服，即使孩子说了自己不冷；担心孩子乱跑乱跳会摔伤，总是告诉孩子要稳当点儿……无论孩子成长到哪个阶段，在父母眼中，孩子就是孩子，总是有太多做不好的事情。

在孩子的成长过程中，父母总是有太多的担心和害怕，总是对孩子正在做的事情指手画脚，甚至是替孩子包办一切，这样做会产生很多不良影响。

表 6-2　父母不信任孩子的后果

导致孩子不自信	导致亲子关系疏远
若父母不信任孩子，使孩子长期处于一种没有安全感的环境下，那么孩子遇事就会比较敏感。当孩子有能力做好一件事时，他们往往不相信自己能够做好，因而不敢主动去做。当需要做选择时，孩子会犹豫不决，因为担心自己选错了会受到指责。当需要独立思考时，孩子就不愿意去思考，也不敢说出自己的想法，因为担心自己的想法是错的。	随着孩子的成长，孩子会越来越叛逆。尤其进入青春期，若父母干涉过多，就会使孩子产生逆反心理。为人父母，我们都对自己的孩子倾注了太多的爱。但是，真正的爱是以尊重孩子和信任孩子为前提的。若连基本的信任都没有，那么我们的爱只会让孩子产生误解和反感，甚至会成为孩子的负担。长此以往，父母和孩子之间的隔阂就会越来越深。

相反，若父母相信孩子，给予孩子充分的肯定，让孩子自己去做，自己去想，就能够增加孩子的自信心，提高孩子的独立思考能力。久而久之，

父母和孩子的关系也会变得越来越融洽。

此外，除了不信任孩子的能力，有些父母对孩子的品性也不信任。比如，当孩子犯错时，父母不给孩子解释的机会，就在心里给孩子定了罪；当孩子在看手机时，父母就认为孩子在玩儿游戏，上去就是一顿训斥；当发现孩子和某个异性同学关系较好时，父母就认为孩子早恋，不问青红皂白地训诫孩子，有的父母甚至还会偷看孩子的日记……这种不信任会对孩子的心灵产生更大的伤害。

父母的爱和信任，是孩子探索世界的源动力。被信任的孩子，内心会充满安全感，具有冒险的勇气，不会被绝望和挫折压垮。相信孩子，是每个父母都应该具有的最基本的态度。我们要相信孩子的潜力，相信孩子的能力，相信孩子的品性，让孩子成为一个自信乐观的人。

信任是爱的最好证明

在现实生活中，我经常会听到父母这样对孩子说：

“你一个小孩子，懂什么呀？别瞎掺和了。”

“你数学成绩这么差，还想当科学家？”

父母长期不信任孩子，总是质疑孩子的能力，会挫伤孩子的自信心，导致孩子形成胆小自卑的性格。相反，若父母信任孩子，经常给予孩子肯定和认可的评价，则会使孩子幼小的心灵得到安慰，使孩子成为一个心智健全的人。

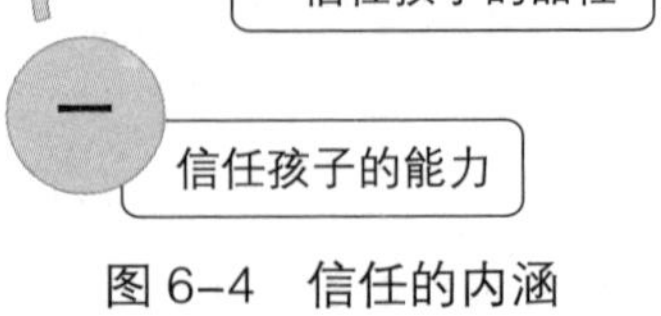

图 6–4　信任的内涵

爱与信任，是父母给孩子最好的礼物。父母应该从小就给予孩子充分的信任，让孩子在信任中健康地成长。

1. 信任孩子的能力

信任能够激发孩子的内在潜能，增强孩子做事的信心和能力。当孩子感受到自己被充分信任时，浑身就会充满力量，做事也会充满动力。当孩子在做一件事时，家长要给孩子宽松的空间，让孩子大胆地去做。即使在做的过程中出现了一些问题，家长也不要过分地指责孩子，而要善于引导孩子。相较于大人，孩子经验往往不足，出现一些问题是正常的，父母应该告诉孩子："我相信你的能力，你一定可以找到问题的解决办法，把这件事做得更好。"

2. 信任孩子的品性

孩子身上有很多美好的品性，如纯真、善良、诚实等。如果父母经常肯定孩子的这些美好品性，那么孩子更多美好的品质就会被激发出来，成为一个真正具有很多美好品质的人。孩子的品性若得不到父母的信任，那么久而久之就真的会成为一个"坏孩子。"

如果孩子出现了撒谎、打架等不良行为，父母也不要急于断定是孩子的品性有问题。这也许只是孩子在某种压力下的应对方式。父母应该先了解孩子这么做的原因，然后从源头对孩子进行疏导，告诉孩子以后遇到此类事情怎么做更好。父母一定要相信孩子，绝不能贬低孩子的人格。

在教育孩子时，父母一定要给予孩子充分的信任，切忌包办一切或妄下判断。只要是孩子愿意尝试去做的事，父母都应该支持孩子去做。由于年龄小，孩子缺乏经验，肯定会有失败或失误的时候，这是正常的，家长不要因此训斥孩子。当孩子遇到挫折时，父母应该多鼓励孩子，相信孩子可以处理好，让孩子对解决问题充满信心。

信任是促使孩子健康成长的催化剂。父母信任孩子，就能促使孩子为了不辜负这份信任而不断努力。父母不要以爱之名束缚孩子，限制孩子做事，而要抛去对孩子过多的担心，给孩子充分的机会，让孩子去尝试，这样才能锻炼孩子的能力，让孩子更好地成长。

信任是开启孩子心扉的钥匙，是连接彼此心灵的桥梁，是滋润孩子心田的雨露，是孩子成长的力量源泉。信任，贵在理解，贵在尊重，这是父母教育孩子时应有的态度。拥有了父母的信任，孩子的人生才能更加多姿多彩。

五、高质量的陪伴是最长情的爱

当今社会，“留守儿童”“隔代喂养”逐渐成为主流。在现实生活中，很多父母因为工作忙等原因，很少有时间陪伴自己的孩子。他们一般只重视满足孩子的物质需求，而忽视心灵的陪伴。在这种环境下长大的孩子，很容易出现心理问题。

在大学期间做家教时，我就遇到过一个生活条件优越但性格孤僻、胆小怕事的小男孩。这位小男孩的爸爸妈妈平时工作比较忙，很少有时间陪伴他，导致小男孩性格比较孤僻，不爱与人交流。我当时以家庭教师的身份在他家住了一个月。刚开始接触时，他非常排斥我。

后来，我改变了辅导方式，每天不仅带他学习英语，还会多花一些时间陪他一起玩耍，如打球、游泳、画画等。终于，他慢慢地对我打开了心扉，但还是不爱与其他小朋友一起玩儿。我知道他最需要的是父母的陪伴，这是任何人都无法取代的。通过这次经历，我深深懂得了父母高质量的陪伴对孩子成长的重要性。

陪着不等于陪伴

孩子如同一粒种子，要想长成参天大树，就需要阳光雨露的滋养。父母的陪伴就是让孩子茁壮成长的阳光雨露。父母的爱和陪伴，能够滋润孩子的心灵，促使孩子长成最好的模样。为人父母，应该陪孩子走过成长的每一个敏感期。

为人父母，你是否想过自己平时是如何陪伴孩子的?

孩子在玩玩具，你在一旁玩手机；孩子在看动画片，你在旁边看手机；孩子在看绘本，你在旁边忙着处理自己的事情；学校安排了亲子活动，你陪孩子一起参加了，但是在活动中你却满脸疲惫，心不在焉。

无论孩子做什么，你几乎都在旁边陪着，似乎尽到了做父母的责任。但是你慢慢地发现，尽管自己花了很长时间陪伴孩子，却始终拉不近彼此的关系，孩子总是无故闹情绪。对此，很多父母都很苦恼，不知道究竟是哪里出了问题。

究其原因，一些父母在对“陪伴”的认知上出现了问题。很多父母都认为只要一直陪着孩子就是陪伴，事实上这些陪伴都是无效的。

图 6–5　陪着不等于陪伴

陪着并不等于陪伴。在成长之路上，孩子需要的是高质量的陪伴，而不是用时间堆砌起来的不走心的陪着。低质量的陪伴，不仅无法滋润孩子幼小的心灵，甚至会给孩子造成一定的负面影响。

例如，6岁的小女孩倩倩总觉得没有安全感，常常感到孤独无助。倩倩之所以会这样，是因为她的父母很少陪她一起玩儿、一起做事情。

爸爸妈妈经常会抽出时间陪着倩倩，还会带她去游乐园玩儿，但是每次倩倩提出想和爸爸妈妈一起玩儿的时候，爸爸妈妈总会说："你自己玩儿吧，我们在旁边看着你。"每次倩倩的要求都得不到爸爸妈妈积极的回应。

这种缺少心灵沟通的陪着并不是真正的陪伴，不仅无法让孩子感受到父母的关爱和理解，还会让孩子成为遇事敏感、抗压能力弱的人。

真正的陪伴是，在与孩子相处中，父母放下自己的工作，放下手机，全心全意地陪伴孩子，给予孩子积极的回应。在一定意义上，我们可以说，父母的参与度决定了陪伴的质量。

高质量的陪伴，不在于时间的长短，重要的是全情投入的共情和连接。在陪伴孩子的时候，我们不应该做一个旁观者，而应该成为孩子真正的朋友，我们可以和孩子一起探讨基本的价值观，还可以和孩子聊一聊他喜欢的事物。

当孩子遇到困惑时，我们要及时给予解答；当孩子遇到困难时，我们要及时给予帮助。我们要让孩子明白自己时刻是有人理解、有人支持的。在高质量的陪伴中长大的孩子，能拥有足够强大的应对挑战的力量，能够成为一个拥有健全人格和坚强内心的人。

↘ 如何做到高质量的陪伴

有这样一个发人深省的故事。

一位爸爸因工作忙每天很晚才回家，所以很少有时间陪伴儿子。

一天，他拖着疲惫的身体回到家中。5 岁的儿子走过来问他："爸爸，你一个小时赚多少钱？"

爸爸说："50 元。你问这个干什么？自己去玩儿吧！"

紧接着儿子又问："爸爸，你能借给我 10 元钱吗？"

爸爸虽然对此很不解，但是因为自己很累，不想让孩子总是缠着自己，所以给了儿子 10 元钱。

儿子很开心地接过钱，不一会儿拿着 50 元钱过来找爸爸，并说道："爸爸，我刚才还差 10 元，现在够 50 元了，可以买你一个小时陪我玩儿吗？"

听到孩子这样说，爸爸感到有些惊讶，又有些愧疚。

每个孩子都需要父母的陪伴，也都渴望父母的陪伴。但是，很多父母都因为工作忙等原因忽视了孩子，即使抽出时间来陪孩子，也只是不走心的陪着。

对于这个故事，我们不妨进行深入思考，当孩子真的向我们买下了这一个小时，我们该如何利用这一个小时给孩子高质量的陪伴？

1. 进行语言交流

很多父母与孩子之间之所以会产生矛盾，往往是因为缺少沟通和交流。父母应该多跟孩子进行语言交流，多跟孩子聊聊天，倾听孩子的内心，了解孩子的真正需求。父母还可以通过语言交流，告诉孩子什么是正确的人生观和价值观。

2. 进行亲子阅读

亲子阅读是一种最温馨的陪伴方式，可以培养家长和孩子的感情，同时培养孩子的语言表达能力，拓展孩子的思维，帮助孩子养成良好的阅读习惯。对于幼儿，家长应该保证每天有至少半个小时的亲子阅读时间。

3. 陪孩子一起玩耍

美国心理学家劳伦斯・科恩在《游戏力》一书中指出："和孩子一起玩

儿，是建立亲密关系的最佳方式。因为和孩子相处最好的方式不是说给他听，而是转化成孩子理解并能接受的语言——玩儿，去做给他看。”

玩耍是父母与子女之间沟通的桥梁。通过一起玩耍，孩子能够观察和模仿父母，学会与父母、与他人相处的方式；父母可以从孩子的角度去看待问题，了解孩子的感受，走进孩子的内心，赢得孩子的信任。

4. 和孩子一起劳动

有的孩子看到父母在扫地、擦桌子时，自己也会跃跃欲试。这个时候父母可以耐心地教导孩子做家务。这不仅能够帮助孩子养成良好的卫生习惯，还能够增进与孩子的感情。从小培养孩子爱劳动的好习惯，对孩子的身体发育和智力发育都非常有好处。

5. 带孩子去户外活动

孩子年龄尚小需要多接触大自然，家长可以和孩子一起去逛公园，让孩子多接触外面的世界，看看花花草草和小动物，可以让孩子感受四季的变化，还可以培养其观察力。家长还可以和孩子一起在公园进行体育锻炼，如慢跑、打球等，促进孩子的身体发育。

陪伴，质量比时间更重要。不走心的陪伴，无法让孩子感受到父母的关爱，孩子的内心是贫瘠的。高质量的陪伴，能够滋润孩子的心灵。孩子成长得很快，为人父母，应该抓住孩子成长的关键期，用心陪伴孩子，及时给予孩子呵护与关爱。

六、教育路上身教重于言传

在与孩子相处的过程中，经常有孩子问我："为什么大人都做不到的事非要我们小孩子做到呢？"这个问题道出了很多家长在教育孩子时存在的一个弊病——只重言传而不重身教。

无论在教学中，还是在教育女儿时，我都是一个"不讲道理"的人。因为我知道，很多时候，行动比语言更有力量。我想让他们做什么的时候，不会只跟孩子说，而是会跟他们一起做，他们也总能跟着我做。

教育路上，身教重于言传。家长与其给孩子讲道理，不如在行动上以身作则，先把自己做好，然后再用自己良好的行为去影响孩子。

做个"不讲道理"的家长

在教育孩子时，很多父母常常感到有心无力，认为自己的孩子越来越难管了，无论自己怎么说怎么劝，孩子总是不听话，甚至还会顶撞自己。究其原因，就在于父母只重言传而不重身教，把"讲道理"当成最好的教育。

当要求孩子做一件事时，父母往往会通过“讲道理”的方式，告诉孩子应该怎样做。但是，很多时候，“道理”并非孩子听得懂的语言。“讲道理”对很多孩子来说不仅没有用，反而会使孩子产生逆反心理。因此，现实情况往往是，家长越喜欢讲道理，孩子往往越不听话。

图 6–6 “讲道理”的负面影响

当然，我说的不对孩子“讲道理”，并非完全否定语言的重要性，而是强调要更加重视行为教育，语言教育则要适度。

有这样一个故事。相传，古时有一位宰相的妻子，十分重视儿子的前途，于是每日不厌其烦地劝告儿子要努力读书。但是，在母亲的督促下，儿子的学习劲头却越来越小。这让母亲很是头疼。

相比妻子，宰相却很少对儿子讲大道理，而是每晚都专心看自己的书。看到丈夫对儿子的学业不闻不问，妻子终于忍不住说道：“你总是只顾着忙自己的公事，看自己的书，你也该好好地管教管教你的儿子啊！”宰相却从容地说道：“我时时刻刻都在教育儿子啊！我在给孩子树立一个好榜样。”

听到丈夫的解释后，妻子终于明白了，于是她不再每日劝诫孩子学习，而是自己也拿起书来读。终于，宰相和妻子用自己的良好行为影响了儿子，儿子也因此仕途顺畅，功成名就。

在现实生活中，很多父母只是告诉孩子应该怎样做、必须怎样做，如要好好学习、要懂礼貌、要守规矩，然而自己却并未做到。事实上，与其苦口婆心地给孩子讲道理，不如用实际行动给孩子做个好榜样。

父母的行为会潜移默化地影响孩子。父母怎样做人，父母的态度，父母的行为，孩子都会尽收眼底。父母的一言一行都对孩子有着举足轻重的影响。父母如果不能给孩子树立一个好榜样，那么语言教育就是无效的。

成为“行动上的巨人”

我曾经听到过这样一则故事：一位女士十分喜爱鹦鹉，于是养了一只非常美丽的鹦鹉。但是，养了一段时间后，女主人发现这只鹦鹉经常咳嗽，且声音沙哑难听，就像喉咙里塞满了痰一样。这让女主人感到十分焦虑，她担心自己的鹦鹉患上了呼吸系统方面的疾病。

于是，女主人急忙带着鹦鹉去看兽医。检查结果却显示，鹦鹉非常健康，没有任何毛病。对此，女主人感到非常疑惑，于是问医生：“我的鹦鹉既然没有生病，那为什么总是会发出难听的咳嗽声呢？”医生回答说：“鹦鹉喜欢模仿人说话。它之所以总是发出咳嗽声，是因为它经常听到这样的声音。你们家是不是有人经常咳嗽？”

听到医生的话后，女主人顿悟：原来，自己一直有抽烟的习惯，且吸烟后经常咳嗽，久而久之，鹦鹉便学会了这种声音。

与鹦鹉一样，孩子天生就有超强的模仿能力。如果父母有一些不良的行为习惯，那么孩子自然而然也会染上恶习。所谓“正人先正己”，要想教育好孩子，父母就要以身作则，成为“行动上的巨人”，用自己的行动影响孩子，而不是只去要求孩子，自己却做不到。

美国教育家杜威认为：“教育并不是一件‘告诉’和被告知的事情，而是一个主动的和建设性的过程。”对孩子来说，最好的教育就是父母的言传身教。为人父母，我们必须给孩子树立一个好榜样。

一是要求孩子做到的，父母先要自己做到。

父母是孩子的启蒙老师，对孩子的行为有着潜移默化的影响。父母为孩子树立良好的榜样，会促使孩子反思自己，让孩子成为更好的自己。这种无形的力量比“讲道理”更直观，更能让孩子认同。

例如，要让孩子遵守社会秩序，我们就要做到遵守社会公德，如不闯红灯，不在公共场合大声喧哗；要让孩子成为一个拥有良好品格的人，我们就要做到诚实守信、善良宽厚、宽容大度。

二是要求孩子不能做的，父母先要保证自己不做。

在很多问题上，很多父母只是一味地要求孩子去做，然而自己却做不到。例如，很多父母都会要求孩子不能长时间看电视、不能长时间打游戏、不能总是很懒散、不能乱发脾气，然而对于这些，自己却做不到。

一边看电视一边督促孩子学习的父母，很难让孩子静下心来学习；不思进取、懒懒散散的父母，很难培养出孩子一往无前的进取心；脾气暴躁、经常发怒的父母，很难培养出人格健全、独立自主的孩子。

孔子曰：“其身正，不令而行；其身不正，虽令不从。”这句话告诉我们：自己品行端正，不需要命令别人，别人也会遵从；自己品行不端，即使命令别人，别人也不会遵从。父母用自己的行为去教育孩子，要比用言语去教育好得多。

对于孩子来说，很多道理他们是听不懂的。因此，讲道理并不等于教育，语言教育也并非最理想的教育方式。父母对孩子最好的教育就是用自己的行为来影响孩子，不断促使孩子改变自己。教育路上，身教重于言传。

↙ 第七章 正面激励，帮孩子树立学习信心

信心，是孩子战胜困难的有力武器，是孩子获取成功的重要因素。而帮助孩子树立信心的一个重要方法就是正面激励。正如心理学家威廉·杰姆士所说：“人性最深切的需求就是渴望别人的欣赏。”

我们要用心发现孩子的闪光点，经常鼓励孩子，不要对孩子说“你真笨”之类的话，而要多说一些积极正面的话，如“你真棒”“我相信你一定能做到”。学会正面激励，才能提升孩子的自信心，让孩子绽放出最美的光彩。

一、用心捕捉孩子的闪光点

在教学中，很多家长常常向我抱怨自己的孩子太普通了，没有什么过人之处。其实，每个孩子都有自己的闪光点，只是需要家长用心去发现。

我也常常这样告诉孩子的父母：孔雀虽然没有夜莺那样动人的歌喉，但却有一身漂亮的羽毛。夜莺也不必羡慕孔雀的美丽外表，因为它的歌声极其美妙。即使是丑小鸭，身体里也隐藏着白天鹅的基因。

就像天下没有一模一样的树叶一样，世间也没有一模一样的孩子。父母的责任就是发现自己孩子的不同之处。每个孩子都有其独特性，需要父母用心浇灌，用心等待，用心发掘。

➘ 每个孩子都是独一无二的天使

德国教育学家第斯多惠曾说：“我们应当考虑到儿童天性的差异，并且促进独特的发展，不能也不应使一切人都成为一模一样的人，并教以一模一样的东西。”

的确，每个孩子都是独一无二的天使，没有优差之分。

每个孩子都会有优于其他孩子的地方。比如，有的孩子记忆力很好，有的孩子动手能力很强，有的孩子能说会道，有的孩子极具绘画天赋，有的孩子天生就有一副好嗓子。每个孩子都有自己的闪光点，父母要做的就是用心去发现。

我曾经听过这样一个故事。在一座海滨小城，台风将要袭来，小城里的人们都惊慌地投入到防备工作中。一位母亲也在忙碌着，旁边站着她的小女儿。

“这该死的台风。”母亲一边收拾东西一边诅咒着。

“可我喜欢台风。”旁边的女儿却说道。

台风破坏力极强，会给人们的生活带来巨大的不便。因此，听到女儿的回应，母亲感到非常诧异。于是母亲充满疑惑地问道：“你为什么喜欢台风呢？”

女儿回答说：“我喜欢点蜡烛。上次台风来了停了电，我点着蜡烛走来走去，你说我像一个可爱的小天使。”

母亲听后立即抱起女儿，亲吻着她并对孩子说道：“孩子，你永远是天使！”

每个孩子都是独一无二的天使，都有自己的特质，关键在于父母怎样去发现、去引导。父母善于发现孩子的闪光点，给予孩子肯定，能够帮助孩子建立自信心，让孩子在身处逆境时也能从容不迫，乐观面对。

你可能正在扼杀一个天才

爱迪生是一位伟大的发明家，他之所以能够获得成功，正是因为他有一位善于发现他优点的伟大母亲。在上小学时，爱迪生因为好奇曾把学校买来的新教具给拆了，但又装不回去，因此老师无奈地请来了他的妈妈。

老师对爱迪生的妈妈说：“你的儿子太爱拆东西了，你要让他改改这个毛病！”

“老师，我观察儿子很久了，他跟别人最大的不同就是喜欢拆东西，你叫他改掉这一点，那我儿子不就跟别人一样了吗？”爱迪生的妈妈坚定地回答道。

妈妈发现这是儿子最大的优点，因此没有强迫爱迪生改掉这个“毛病”。可以说，爱迪生的成功不仅仅是自己努力的结果，也得益于妈妈的理解和支持。她发现了儿子的与众不同之处，发现了儿子的特殊才能，因此才造就了一位伟大的发明家。

我们可以想一想，自己的孩子有什么与众不同的地方。如果还没有发现，那么我们就有可能正在扼杀一个天才。每个孩子都有与众不同之处，这个不同点也许是你所认为的孩子的缺点，而这恰恰可能就是他的“最特别之处”。

家长善于发现并放大孩子的优点，才能帮助孩子建立学习信心，使孩子学会独立学习、独立思考。这才是父母培养孩子、教育孩子的正确方法。发现孩子的闪光点并加以引导，会催生一个人才，创造一个奇迹。

做个快乐的淘金者

在教育孩子时，很多父母都认为别人的孩子是金子，自己的孩子是沙子，从来不主动去发现孩子身上闪光的地方。尤其在孩子的学习上，总觉得自己的孩子很笨，别人家的孩子很聪明。

孩子是一个多面体，每个孩子都有他们擅长和不擅长的地方。家长不能只着眼于孩子的缺点，把孩子批驳得一无是处。这样只会打击孩子的自信心，使孩子产生自卑心理。即使非常调皮的“熊孩子”，也有自己的闪光点，只是需要家长用心观察挖掘。

左思是我国西晋著名的文学家。相传，在左思小时候，父亲一心想把他培养成书法家，但是左思却对书法毫无兴趣。于是，父亲又让左思改学鼓琴。结果左思还是不感兴趣，学了很长时间却总是弹不出一首像样的曲子来。这样的结果再次令父亲大失所望。

失望过后，父亲开始反思自己的教育方式。为了深入了解孩子，父亲开始仔细观察左思的一举一动。通过观察，父亲发现了左思的特点，他不爱书法、鼓琴，不善交际，但却爱读诗词，并且记忆力极好，甚至过目不忘。

鉴于儿子的这一特点，父亲开始让左思改学诗词歌赋。果然，在父亲的教导下，左思很快成名，其创作的《三都赋》颇被称颂，造成“洛阳纸贵”，把当时的文学创作推向一个新的高峰。

左思的成功得益于父亲的教育方法。由于父亲及时认识到自己的错误，并发现了左思的闪光点，将其闪光点加以引导，左思才能够成为西晋著名的文学家。

在教育孩子时，父母要懂得扬长避短。父母发掘出孩子做得好的地方，并加以引导孩子，孩子就会越来越努力；如果我们总是要求孩子做他不擅长的事情，孩子就会认为自己做什么都不行，从而破罐破摔，学习成绩也会一路滑坡。

在英语学习上亦是如此。很多孩子很抵触学英语，很大的原因就在于父母没有进行正确地引导，没有用心去发现孩子的闪光点，然后将孩子的闪光点和英语学习相结合。比如，很多父母都只注意到了孩子英语成绩很差，却忽略了孩子英文书写规范且漂亮。

没有笨孩子，只有潜能尚未被激发出来的孩子。家长帮助孩子发现“我能行之处”，能充分调动孩子学习的积极性和主动性，使孩子的潜力得到更充分的发挥。如果每位家长都能专注于孩子的优势，并善于将孩子的优势放大，那么孩子就很容易获得成功。

恰当的正面激励，能够帮助孩子建立自信心，养成乐观的性格，促使孩子积极面对生活上和学习上遇到的困难。每个家长都应该做个快乐的淘金者，通过不断地发掘，最终找到孩子的闪光点，并根据孩子的特点加以引导，让孩子的闪光点大放异彩，这样才能真正地帮助孩子建立学习信心。

二、赞美，是一场幸福的礼遇

作为一个典型的柔弱型江南女子，我有着像江南的水一样柔和的性子。我是一个爱笑的人，也是一个爱赞美别人的人。如今，初为人母的我，也毫不吝啬对女儿的赞美，如勤奋、懂事、乖巧。我坚信，赞美会给孩子带来更多积极的成长力量。

赞美，是一场幸福的礼遇。为人父母，我们不应该吝啬赞美。多赞美孩子，多肯定孩子，多鼓励孩子，能让孩子拥有更加健全的人格，能让孩子获得更多的幸福感和更多前进的动力。

请不要吝啬你的赞美

每个父母都爱自己的孩子，但是很多父母爱孩子的方式出现了问题——他们选择了抨击式教育，排斥真情实感的流露。于是出现了这样的现象，明明是爱孩子，看上去却像害孩子；明明是支持孩子，看上去却像打击孩子。

抨击式教育非常不利于孩子的成长。如果孩子在小时候经常被批评而缺乏被表扬，那么长大后就会变得比较自卑，即使听到别人的夸奖，也会觉得惊讶，认为自己配不上夸奖。这是个可怕又可悲的结果。

父母的表扬能够帮助孩子建立自信，让孩子相信自己有能力做好。在父母的鼓励下，孩子会变得越来越努力，并不断取得进步。

英语学习也是如此。英语学习是一个漫长的过程，对于有些孩子来说甚至是一个痛苦的过程。因此，孩子在学习英语时更需要父母的表扬和鼓励。我在教我女儿学英语时，就经常用以下这些话来鼓励她。

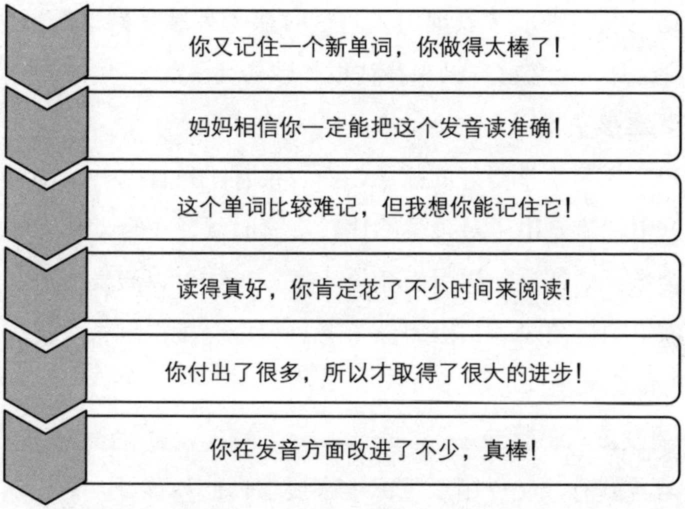

图 7–1　鼓励孩子的话

赞美，对孩子来说就像温暖的阳光，柔和的春风，清晨的雨露，是孩子成长的动力。赞美，虽然只是一句看不到、摸不着的话语，但却蕴含着能让人感知的巨大能量，这股力量能催人奋进。

➘ 不要给孩子消极的暗示

大多数父母都习惯于指出差错，认为只有不断指出孩子的缺点，才能帮助孩子取得进步。但事实上，这样做的后果经常是事与愿违的。

试想一下，如果朋友不停地说我们所做的是错的，上司总是批评我们所做的任何工作，那么恐怕我们也没有心情去积极改正并有所进步。同理，对待孩子也是这样，要真正做到鼓励孩子，就要改掉那些不利于鼓励的行为。

1. 不要有负面的期望

当我们抱有消极的期待，觉得孩子这次英语考试肯定考不好时，我们总会不自觉地以某种形式表现出来。这时孩子会感受到这种负面的期望，也会怀疑自己是否能考好，结果往往以失败告终。

2. 不要拿孩子和别人比

当父母表扬英语学得好的孩子，而忽视甚至批评那些学不好英语的孩子时，无意中就流露出了对孩子的比较。有时候，一个动作、一个面部表情也可能会像言语评论一样引发竞争。竞争也许可以激发上进，但竞争对弱者的负面影响会更显著，因为孩子潜意识里会觉得别人太优秀了，自己再怎么努力都比不上。

3. 不要设置双重标准

我经常看到有些父母用双重标准来要求自己和孩子，他们认为自己可以拥有一些孩子不能享有的特权。比如，妈妈要求孩子整理好自己的房间，但她的东西却摆满了整个客厅；爸爸说他工作了一天很辛苦，可以不用干家务，却要求孩子放学以后帮忙做家务。

当父母不承认孩子应有的权利时，会让孩子认为自己低人一等，从而降低孩子对自己在家里的价值的认可度。

表扬的艺术

表扬是一门艺术，是有技巧可循的。恰当有效的表扬，能够增强孩子的勇气并激励孩子向优秀更进一步。父母在表扬孩子时要注意以下三点。

1. 对孩子良好的学习习惯及时表扬

在孩子的心目中，事情的因果关系总是紧密联系在一起的，年龄越小，就越是这样。因此，及时的表扬能够让好的行为得到强化。如果孩子今天主动开始进行英语阅读了，那么我们必须及时给予表扬。

2. 表扬要兼顾过程和结果

我们不能只看事情的结果，就草率地去表扬孩子。比如，当孩子完成了英语阅读时，不能简单地对孩子说一句："为了奖励你完成了阅读，去看会儿电视吧。"我们还应该关注过程及细节，孩子阅读时的发音是不是准确，是不是理解了这个故事的大意……只关注结果会让孩子对学英语产生松懈心理，认为无论好坏，只要完成就行了。

3. 表扬要具体，不要只是泛泛地夸奖

"孩子，你真聪明！""孩子，你真棒，你真行！"类似这样的话虽然能暂时提高孩子的自信心，但孩子可能并不明白自己好在哪里，反而会助长孩子骄傲、听不得半点批评的心理。

表扬要具体，要让孩子明白哪些是好的行为，从而找到努力的方向。与其说"你今天表现得不错"这类话，我们不如这样说："你今天看英语动画片的时候很认真，没有做小动作，我真高兴！"

父母的肯定和鼓励具有巨大的能量，能够给予孩子力量，让孩子获得价值感和归属感。

有这样一个故事。一个孩子，在他很小的时候父亲车祸身亡，接着母亲改嫁，他被爷爷奶奶抚养长大。但他并没有形成孤僻自卑的性格，反而十分阳光开朗，学习成绩也总是名列前茅。"你要开心啊，你看你笑的样子真好看！""你今天写作业很认真！""你最近的英语学习有很大的进步！"这是从小爷爷奶奶常跟他说的话。

正是爷爷奶奶的那些真实又具体的肯定，成就了阳光而优秀的他。

孩子从出生开始形成的自我评价基本上都来自抚养者和监护人。他们的肯定是孩子面对挫败的底气，是孩子学习的内在驱动力。即便孩子单词总是记不住、发音总是不标准，我们也要肯定孩子敢于说出口的勇气，消除孩子学英语的畏惧感，从而让孩子爱上英语学习。

每个父母的内心都怀抱着对孩子满满的爱和期待，请不要让这种爱被冲淡在苛责的表象里，被掩埋在不满的语气中。多些赞美和鼓励，孩子就能获得一种正能量，进步得更快、发展得更好。父母的赞美和鼓励，就是孩子生命中最明亮的底色。

三、孩子，你不用考第一名

从前，有位渔夫在出海捕鱼时，得到了一颗硕大的珍珠。这颗珍珠晶莹圆润，令渔夫爱不释手。但美中不足的是，这颗珍珠上有一个小小的黑点。渔夫想除去这个斑点，让这颗珍珠变得更加完美。

于是，他开始不断地刮，不断地刮……但是无论他怎么刮，这个黑点始终存在。最后，黑点没有了，珍珠也不复存在了。因为过分追求完美，渔夫最终失去了珍珠。

回到家庭教育上，我认为每一个孩子都是一颗美丽的珍珠，他们虽不完美，但却无价。但是，我经常看到有些父母对待孩子就像这个渔夫对待珍珠一样，过分追求完美，尤其是在学习上，总是要求孩子考第一名。殊不知，这种高期待可能正在一步步摧毁孩子。

↘ 那个总考第一的孩子，后来怎么样了

“这道题这么简单，你也能出错？”

“你是怎么回事？怎么英语一次不如一次考得好？”

“你再这样下去，别说考好大学了，你连重点高中都考不上，你这辈子就完了！以后你就收破烂去吧！”

……

在母亲的怒骂声中，小池抱着成绩单，抹着眼泪回到房间继续学习。

在孩子的成长过程中，很多家长都像小池的母亲一样，对孩子有着极高的要求，希望孩子每次都能考第一名。

殊不知，“第一名”看上去是一顶华丽的“皇冠”，实际上是一个让孩子失去自我的“金箍”。戴得时间久了，孩子就会慢慢失去承受挫折和失败的能力，压力会越来越大，活得会越来越辛苦。

小池是个品学兼优的孩子，从上小学起就总是考全班第一。妈妈对她抱有很大期望，希望她将来能出国读书，出人头地。于是在别的孩子玩耍和睡觉的时候，她仍在妈妈的监督下学习。

可是不管她怎么努力，取得多好的成绩，好像永远都不能达到妈妈的要求。升入初中后，妈妈对她的要求也越来越严格。虽然小池学习很刻苦，成绩很不错，但妈妈还总是因为她做错几道题，就对她发很大的脾气。

小池很痛苦，性格逐渐变得自卑内向，对学习也不再有兴趣，成绩出现了很大的滑坡。

小池妈妈的所作所为，虽然初终为了孩子好，但却对小池的心理造成了极大伤害。有些家长也会犯类似的错误：过于重视孩子的成绩，却忽视了孩子的心理健康。家长如果十分看重孩子的学习成绩，总是逼着孩子变得更优秀，就会使孩子出现一种错觉：只有考高分，他才能得到别人的爱与认可，才有存在的价值。这会使孩子的人生观、价值观出现扭曲。

成绩不能代表一切。用成绩好坏来衡量一个孩子，未免有些片面。将成绩当作孩子生活的全部，更是对孩子天赋和价值的湮灭。我们可以理解家长希望孩子成才是人之常情，但是过于严苛的要求，反而会打击到孩子的学习兴趣和学习信心，对孩子的学习和成长造成不利影响。

的确，当前国内的教育体制要求孩子不得不接受应试教育的洗礼，但体制在不断改革，家长的思维方式也该进行转变。国家和社会需要的人才，不是只会死读书、读死书的书呆子，而是有自己的思想，敢于提出问题，并善于提出解决方案的创新型人才。家长多包容，多鼓励，孩子才有继续进取的动力。

➘ 接纳孩子的不完美

英国有一档颇具争议的节目《天才儿童》，节目以展现孩子的非凡智慧为卖点，让一些 10 岁左右的孩子通过测试比拼，来竞逐“Child Genius”的称号。参赛的小选手个个才智非凡，比如被誉为“小莫扎特”的埃尔顿，8 岁就考过了钢琴八级。再比如“足球天才”伊多武，不到 10 岁，就被 3 支职业足球队选中。

但这档节目播出后，却没有收到预想中的如潮好评。恰恰相反，很多观众表示“看不下去”，甚至将它称为“最残酷的真人秀”。

因为在节目中，这些稚气未脱的孩子独自站在讲台上，面对冷着脸的考官、满脸期待的父母和陌生的观众们，回答着类似“如何计算物质磁化能力”这样的问题。一旦答错，就好像世界都要崩塌了，没有人会给予安慰，甚至连父母都冷言冷语相待，对刚刚受过打击的孩子抛下一句“也许你不像我们想象中聪明”。

难以想象，父母如此不近人情地对待孩子，对这些孩子的心理健康和未来发展会造成什么样的影响。

其实，有时候并不是孩子不够优秀，而是家长苛求完美。家长望子成龙、望女成凤，这本没有错，错就错在他们苛求完美，苛求孩子成为无论怎么努力都不可能成为的人。这个世界上没有十全十美的人，当然没有十全十美的孩子。无所不能的学霸超人，只不过是电视屏幕上的一个传说。

图 7–2　贬低孩子

家长应该鼓励孩子不断完善自己，不断学习进步，但是也要容忍孩子有缺点。有缺点的，才是人；没有缺点的，那是基督。我们不是圣母玛利亚，又怎么能苛求孩子成为基督呢？

孩子要有上进心，但不用非考第一

我们总以为那些“别人家的孩子”都是自信的、快乐的，可事实却并非如此。他们中有很多人内心脆弱、缺少朋友、对自己要求过高、压力过大，习惯于讨好别人来获得认同感，甚至为了成绩和名次走向极端。

一些“别人家的孩子”，虽然聪明勤奋学习好，德才兼备特长多，但可能患有抑郁症。

心理咨询师俞林鑫指出：“人的自我是丰富的，有好也有坏，所以当某种品质被过分强调时，另外一些对立的品质就只能被压抑了。‘别人家的小孩’，他们自我中的某些品质被过分强调，相当于在自我中建立了好坏两种对立状态，好我拼命要打败坏我，但是坏我就像影子一样无法清除。完美主义者、强迫症患者，还有抑郁症患者等诸多心理障碍者的病源本质，便是无法接受与面对坏我。”

“别人家的孩子”已经成为烙印在他们心底的一种符号，一个必须优秀、必须懂事、不能有一点瑕疵的符号。为了当好这个“符号”，他们活得太辛苦了。

家长们别再羡慕“别人家的孩子”了，他们可能过得并不像你想象中那么好，也不要再逼自己的孩子去做“别人家的孩子”。尺有所短，寸有所长，每个孩子都有自己的闪光点，都有自己的天赋和才华，都是这世上独一无二的。不是只有第一名才能走上成功的大道，人生的路上遍地开花，我们又为何要将孩子的未来圈禁在小小的规则方框之内呢？

家长们不用担心孩子日后不能成为工程师、科学家、音乐家，也许未来有更美妙的风景在等着他们。成功没有固定的轨道，只要孩子肯努力，能够不断进步，就证明家长的教育很成功了。比起一味追求完美，家长更应该学会用心对待孩子，让孩子相信自己，健康快乐地长大，这比其他任何成功都重要。

作为家长，我们要经常向孩子传递这样一种观念：你应该努力上进，但不用非考第一。你应该不断完善自己，但不必过分追求完美。第一名不代表成功，第二名也不象征失败。不追求完美，让孩子快乐成长，快乐学习，找到自己的人生方向，实现自己的人生价值，才是每个家长最应该做的。

四、物质奖励很难奖出好孩子

英语学不好是很多孩子普遍存在的问题，也是最令家长头疼的问题之一。在现实生活中，很多家长都喜欢用物质激励的方式来激发孩子学习。从教多年以来，我就遇到过很多这样教育孩子的家长。

“如果你这次英语考 100 分，我就奖励你 100 元钱。”“如果你期末英语考试考了第一名，你要什么就给你买什么。”这种物质激励的实际效果怎么样呢?

不可否认，从短期来看，物质奖励的确能够强化孩子的行为。但也正如《驱动力》的作者丹尼尔·平克所说的那样，奖励只能带来短期的爆发，其效果会逐渐消失。也就是说，不当的奖励机制，不但无法激发孩子的学习动力，反而会消减孩子的学习兴趣。

物质奖励并非最理想的激励方式

我曾经看到过这样一个故事。在一个小乡村有一群顽皮的孩子，他们总是在一位老人的家门前嬉戏打闹，使得老人无法安心休养。

一天，当孩子们在老人家门前大声吼叫时，老人出来对孩子们说："我很喜欢热闹，所以给你们每人 10 美分以示谢意。"孩子们开心地收下了。

不出所料，孩子们第二天又来了，但这一次老人只给了每人 5 美分。到第三天的时候，老人则只给了每个孩子 2 美分。面对这种情况，孩子们虽然感到很不开心，但还是收下了。

等孩子们再来的时候，老人直接对他们说："我没钱再给你们了。"听到老人这样说，孩子们非常生气地说道："不给钱，我们就再也不来了。"果然，自此以后，这些顽皮的孩子就再也没有来过。老人的生活终于又恢复了平静。

这个故事反映的正是心理学上所讲的"德西效应"，即当一个人正在进行一项愉快的活动时，给他提供奖励之后，这项活动的内在吸引力就会降低，会使他减少对这项活动的兴趣，一旦取消这一奖励，他就会终止正在进行的这项活动。

这一效应反映在家庭教育上则是，家长使用不当的物质奖励将不利于孩子的成长和学习兴趣的培养。

单一的物质奖励并不能奖出好孩子，也无法奖出好成绩。

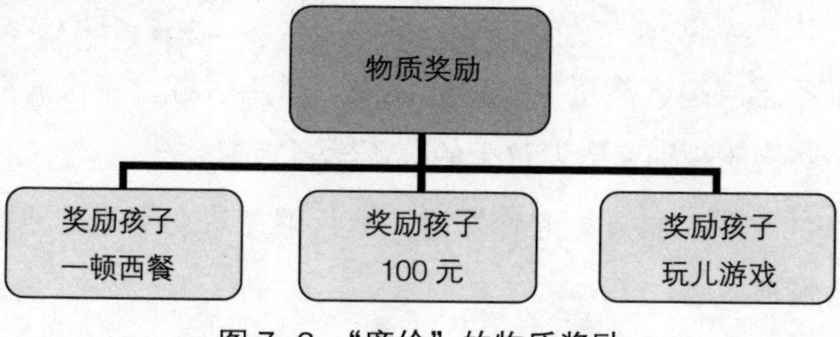

图 7-3 "廉价"的物质奖励

这些"廉价"的物质奖励不仅带不来高尚的学习动机，还极易助长孩子的功利心。

当外部物质奖励频繁使用时，学习的动机就变成了为了得到奖励。在功利思想的支配下，孩子把获得奖励当成了目的，把学习当成了实现目的的一种手段。一旦奖励兑现，孩子的学习热情就会快速下降，内在动机就会越来越弱，久而久之就会失去学习兴趣，学习成绩也会随之下滑。

学习的内在动力本应就是探索新知识、学习新本领，而不是为了得到廉价的物质奖励。

物质奖励并非最理想的激励方式。要想提高孩子的学习成绩，家长就要帮助孩子建立真正的学习兴趣，要让孩子意识到，学习了新知识，取得了新进步，本身就是对自己所付出的最高奖励。

从外在刺激养成内在动力

物质奖励很难奖出好孩子，并非说物质奖励一点都不可取，而是说单一的物质奖励、盲目的物质奖励作用有限，甚至会起反作用。那么，父母该怎样正确地对孩子实行物质奖励呢？

在幼儿阶段，孩子的思维意识还没有建立起来，精神激励可能很难起到效果，这一阶段家长可以适当地对其进行物质激励。

年龄稍大一些的孩子，已经有了自己的思维意识，有的喜欢英语，有的则对英语不感兴趣，甚至十分讨厌英语。对于后者，家长前期也可以适当地运用一些物质激励来激发孩子的英语学习兴趣。

当外在的物质奖励开始起作用时，家长就需要变换奖励原则，由物质激励转变为精神激励。

那么，有些家长会担心，一旦没有了外在刺激，孩子会不会失去学习兴趣？这就要求我们，前期就要把奖励孩子的目的定位为“帮孩子获得自我驱动力”，这样才能从外在刺激养成内发动力。也就是说，物质奖励并非不可用，只是要明确使用目的，分情况、适度使用。若孩子已经对英语表现出了极大的学习兴趣，那么家长就完全不需要刻意地对其进行物质奖励。

事实上，大多数人都缺乏学习自觉性，贪玩更是每个孩子的天性。

为了激发孩子的学习动力，培养孩子的学习自觉性，新诺建立了激励体系，如 21 天打卡活动。此外，新诺还在前台设置了礼物柜，上课表现好的孩子可以得到小贴画，小贴画可以换积分，积分则可以换礼物。

当孩子通过外在刺激开始对学习感兴趣时，通过高频率、高强度的学习，就能够取得很好的成绩。这时，我们可以对孩子进行精神激励，多鼓励孩子，让孩子变得更自信。这样一来，孩子就会慢慢养成学习的主动性。

需要注意的是，在对孩子进行物质奖励时，家长要用心挑选奖励物品。比如，低龄段的幼儿可以奖励一些玩具，如小猪佩奇玩偶；高龄段的孩子则可以奖励一些英文绘本、英语学习工具书等。

总而言之，奖励的总原则是，奖励孩子真正有需求的物品，而不是用来攀比的物品。

➘ 用经典小故事滋润孩子的心灵

在育儿的道路上，物质激励并不是最理想的教育方式。

那么，什么才是最有效、最持久的激励方式呢？

要培养孩子学习的内在动力，最有效的方式就是进行精神激励。所谓精神激励，并不是指简单地夸奖孩子几句，而是指持续地用一种精神力量鼓舞孩子，这种精神力量主要来源于一些经典小故事，尤其是我国古人勤奋好学的故事。

当孩子开始具备一定的思维意识时，家长就要时常挑选一些动人的故事讲给孩子听，让孩子从此类故事中汲取成长所需的精神营养。在动人故事的长期熏陶下，孩子会渐渐拥有美好的心灵，同时慢慢培养学习的自觉性。

用古人勤奋好学的故事激励孩子，是可以帮助孩子树立学习自信心。古人勤奋好学的故事有很多，其中不乏一些为后世传颂的经典。

晋代车胤、孙康的囊萤映雪，西汉匡衡的凿壁借光，晋代孙敬和战国苏秦的悬梁刺股，隋朝李密的牛角挂书，东晋祖逖的闻鸡起舞，宋代杨时的程门立雪……这些我们耳熟能详的小故事，蕴含着大大的能量，是激发孩子学习动力的力量之源。作为父母，一定要善于运用精神激励，每天一则小故事，为孩子树立起学习榜样，让孩子时刻感受榜样的力量。

故事对孩子人格的养成、精神品质的塑造、学习自觉性的形成都有着潜移默化的影响。

那么，父母如何讲故事才能最大限度地感动孩子呢?

我们在给孩子讲故事时，要先讲清楚主人公遇到了什么困难，然后告诉孩子主人公是以怎样的心态去面对的，以及主人公为了克服困难所付出的艰辛和努力，最后告诉孩子主人公收获了什么。父母这样讲故事，能够加深孩子对故事的理解，更重要的是能够触发孩子的思考，当自己遇到学习难题时应该怎么去克服。

在孩子的成长过程中，故事起着非常重要的熏陶作用。当孩子经过了润物细无声的思想濡染和智慧启迪，便能够获得更多的成长力量。

在孩子学习自觉性的培养上，物质激励并非最理想的方式，精神激励对孩子的成长有着潜移默化和深远持久的影响。从外在刺激养成内在动力，帮孩子获得自我驱动力，是每个父母义不容辞的责任。

第三部分 学习利器篇

第八章

找对方法，想不成功都难

英语学习是有规律可循的。只要方法正确，成功就是一件十分简单的事；若方法不对，即使付出了很多时间，可能都收效甚微。那么，什么是正确的英语学习方法呢？

最核心的英语学习方法无疑是用学母语的方式学英语，即让孩子在自然而然的语言应用环境里，像习得母语一样轻松习得英语。这种方式通过让孩子在倾听中理解，在理解中倾听，能够让孩子学会用英语思维表达生活感受。

一、用学母语的方式学英语

在孩子的英语教育上，我发现很多父母都存在着这样的困扰：孩子学英语为什么那么痛苦，学了那么久为什么还是收放甚微？

我认为主要是家长的教育方法出了问题。在传统的英语教育中，很多父母都把英语作为第二语言来教学。他们让孩子学英语，仅仅是为了应付考试，而不是用于交流，因此不重视听力输入，而是让孩子从音标和单词学起。这种方法很难帮孩子建立真正的英语思维。

为了帮孩子找到更好的英语学习方法，我曾经去美国的中小学进行了考察。通过考察，我感悟到，母语与英语既然都是人类的语言，它们是有共通性的，在学习方法上也是相通的。因此，我认为让孩子“用学母语的方式学英语”无疑是最直接有效的方式。

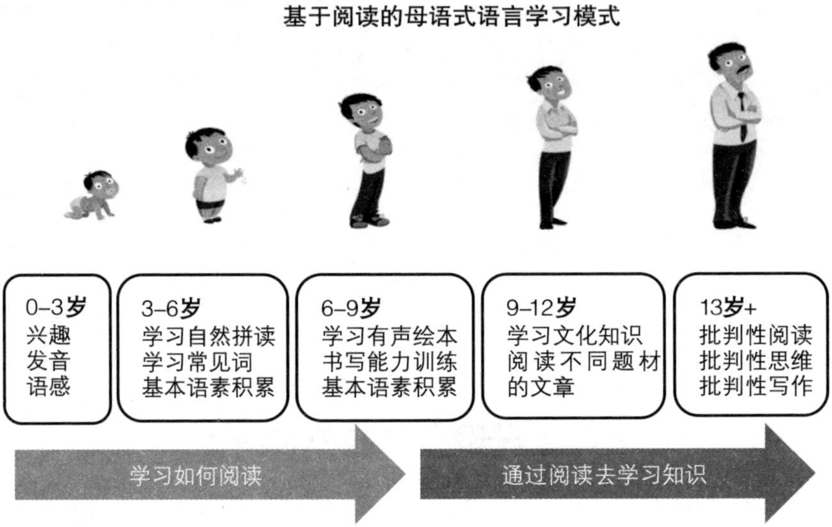

图 8–1　母语式语言学习模式

大量输入，磨练英文耳朵

想要让孩子用学母语的方式学英语，我们先要知道我们是如何习得母语的。

在还未学习文字的情况下，孩子就已经能够进行简单的交流了。大多数孩子在 1~2 岁时开始讲话，到 2 岁以后会进入语言爆发期，从说简单的字到说更完整的句子。学龄前的孩子大多不认识字，却能够跟父母进行对话，向父母表达他们的意愿和需求。

之所以会出现这种情况，是因为孩子在开口说话之前，已经至少用了一年的时间来听。

在母语学习中，语言和文字在早期是分开的。学龄前的孩子都是先学会听说，然后再学习文字的，这种自然习得的方法是学习一门语言最有效的方式。

幼儿在咿呀学语的最初阶段，从学会说简单的字到简单的词，再到简单的句子，完全是无意识的，都是通过大量的听力输入习得的，而不是依靠父母的讲解。这种自然习得的方式同样适用于英语语言的学习。

也就是说，要让孩子习得英语，在幼儿阶段，父母就要为孩子提供大量无意识的听力输入。

如同习得母语一样，父母应该把英语和文字隔离开，先为孩子提供大量的视听材料，锻炼孩子的听说能力，只要孩子听得懂和说得出即可，不必刻意要求孩子一定要会写。例如，当孩子看到苹果的时候，能够准确地说出 Apple 这个单词即可，并不需要知道怎么拼写。

英语能否运用自如，取决于是怎么学的。在孩子的英语启蒙教育中，父母从听力着手，能够更好地磨练孩子的英文耳朵。我在教我女儿学英语时，就非常重视听力的输入，如给她听一些简单的英文儿歌。

那么，磨练孩子的英文耳朵具体还有哪些好的方式呢？

1. 听英语小故事

有一定英语基础的家长，可以坚持每天给孩子读一则英语小故事。从我女儿 2 岁左右开始，我就每天给她读英语小故事，虽然她听不懂，但是这种听力输入是必要的。英语基础不好的家长，则可以通过播放音频的方式，一定要确保给孩子提供的是原汁原味的英语输入。

2. 听英语儿歌

我每天都会至少给孩子听一首经典英语儿歌，如 *Twinkle Twinkle Little Star*（《一闪一闪小星星》）。另外，我还会反复播放这些儿歌，让孩子在吃饭时、游戏时、洗澡时都可以听，为孩子营造一个浸入式的英语环境。

3. 看英语动画片

短小且充满趣味的动画片，如 *Peppa Pig*（《小猪佩奇》），不仅可以激发孩子对英语的兴趣，还可以为孩子营造一个好的语言环境。我每天都会陪孩子看 30 分钟的英文原版动画片，这为孩子日后的英语学习打下了良好的语言基础。

无意识的输入成果往往大于有意识的学习。孩子在进入语言敏感期（2~3 岁）后，耳朵会变得极其灵敏，此时，大量听的输入能够更有效地磨练孩子的英文耳朵。

创设场景，轻松习得英语

对于成年人来说，英语的学习主要是通过记忆的方式，英语的使用也需要经过一个中英文转换的过程。幼儿则不一样，他们的语言思维模式还没有形成，因而可以用学母语的方式学英语。

但是，仅仅依靠单纯的听力刺激，孩子并不会自然地获得一门语言。语言的获得还需要在一种互动的状态中。我们在教孩子说母语时，并不会先教孩子单词和语法，而是在大量的场景互动中让孩子慢慢学会语言表达的。

英语习得也是如此。家长可以为孩子创设一个真实的语用场景，让他们在真实的场景互动中，自然地把英语和事物直接对应起来，从而让孩子慢慢地获得英语表达能力。

此外，家长还可以采用“听——指”学习法有效地帮助孩子轻松习得英语，即在语言和图像之间建立联系。家长指出图中的物品，不断重复物品的英文名称，孩子听多了自然就记住了。

例如，通过“听——指”学习法，两岁的萌萌在汉语说得还不流利的情况下，就已经能听懂一些英语了。妈妈在教萌萌学英语时，并没有用中文解释单词的意思，而是一边说一边给萌萌指。妈妈让萌萌喝水时，经常指着水杯说 cup，当萌萌听了大量和杯子相关的话后，慢慢地就明白“cup”对应的就是那个盛水的实物了。

通过不断重复，孩子就能够轻松掌握这些词汇了。以后再看到这些物品或图画，孩子就能直接说出英文，完全不需要借助中文翻译，这样就形成了一种英语思维。

语言的习得，在生活中，在自然语境中。没有英语环境，父母就要努力为孩子创造环境，将图像、动作等直接和英语联系起来，让孩子沉浸在英语环境里，这样一来，英语习得就水到渠成了。

对于幼儿来说，真实自然的语用环境是英语学习的重要条件。在家庭教育中，父母应该尽可能地为孩子创设良好的英语习得环境，让家庭成为孩子语言实践的场所。大量的视听输入，加上真实的语用场景，每个孩子都能轻松习得英语。

因此，在英语启蒙教育中，家长不必强调读写，而是要先进行大量的听力输入，磨炼孩子的英文耳朵，然后创设场景，让孩子在有意义的活动中理解单词的含义。这样一来，我们就能够帮助孩子建立英语语言“发音”和“意义”之间的认知关系，让孩子轻松习得英语。

二、用已学知识学习未知

在英语教育中，很多家长会抱怨自己的孩子对新知识的接受能力很差。之所以会出现这种问题，往往是因为家长都只是机械地让孩子学习新知识，而没有用已学知识引导孩子学习未知。

我在教女儿学英语时，一般都是从她已学掌握的知识入手，而不会一上来就给她讲新知识。比如，我在教她认识新的复杂一点的单词时，会先让她想一想这个单词是由哪些已经学过的单词组成的，它们之间有没有什么联系。

孩子的理解能力是有限的。若没有已知信息作为背景支撑，孩子将很难掌握更多新知识，也很难提高认知能力。对孩子来说，获取新知识的最佳路径就是用已学知识学习未知。家长应该帮助孩子在新旧知识之间建立更多联系，为孩子提供更加积极的学习体验。

已知是学习未知的基础

已知信息是通过学习或实践等手段获得的知识，是已经被我们感知到的信息，随着孩子的成长，其脑海中会存储越来越多的已知信息；未知信息是还未被我们感知到的新信息。我们每天的生活和学习都充满了未知，等待孩子去探索和发掘。

在现实生活中，我们学习一切知识、解决一切问题都不是盲目进行的，而是有规律可循的，都是用已知探索未知的过程。那么，怎样用已知探索未知呢？我们可以通过“曹冲称象”的故事来理解。

相传，有人送给曹操一头大象，曹操很开心，于是带着儿子和官员一起去看。大象很高大，身子像城墙，四肢像柱子。面对如此庞然大物，官员都好奇地问道：“大象如此庞大，到底有多重呢？”

对于这个问题，曹操也很想知道答案。于是，他问在场的人：“谁知道怎么称这头大象？”有人说：“可以砍一棵大树，造一杆大秤。”有人说：“有了大秤也不行，因为没有人有力气提起这杆大秤。”还有人说：“可以把大象宰了，割成一块一块的再称。”听了这些方法后，曹操摇了摇头，表示都不可行。

这时，曹操 7 岁的小儿子曹冲站出来说：“我有个办法，把大象赶到一艘大船上，看船身下沉多少，就沿着水面在船舷上画一条线，再把大象赶上岸，往船上装石头，装到船下沉到画线的地方为止，然后称一称船上的石头，石头有多重，大象就有多重。”

听到曹冲的办法后，曹操满意地点了点头，然后命人按照曹冲说的办法去做，果然称出了大象的重量。

在这个故事中，已知信息是船、水、石头、大象等，未知信息是称象的方法和大象的重量。要想将已知信息和未知信息正确地连接起来，就需要具备一定的创造性思维。曹冲通过对已知信息进行分析，产生了一个新思维，把大象的重量转化为一堆石头的重量，从而得出了未知的新信息。

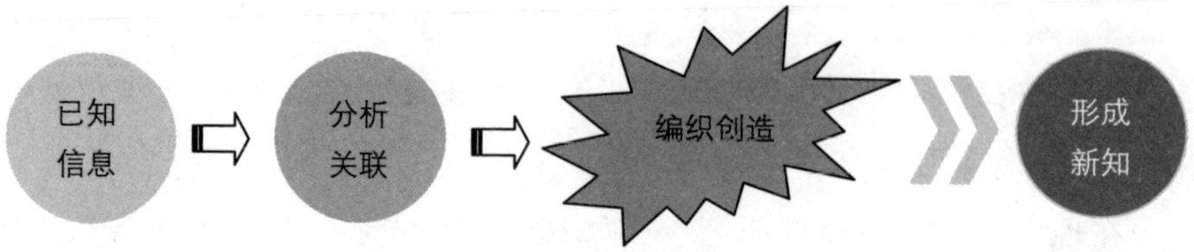

图 8-2　已知和未知的联系

我们要善于运用自己所学到的知识，用已知去学习更多的未知，不断拓展自己的思维能力。

英语学习更是如此。孩子在获取新知识时，同样要运用已知来获取未知。这样的学习方式能够帮助孩子建立新旧知识之间的联系，从而使孩子更好地理解和掌握新知识。例如，当孩子在学习新词汇时，家长可以引导孩子从已学词汇入手。

在学习英语单词时，很多孩子都会采取死记硬背的方法，而没有建立新旧知识之间的有效连接，因此总是背了忘，很难牢固地掌握新单词。若家长引导孩子用已知学习未知，就能够帮助孩子快速理解和记忆单词。

比如，记忆新单词 meet（遇见）时，已知信息是 me（我）和 et（外星人），组合起来就是我遇见一个外星人，即 me+et=meet；再比如，记忆新单词 cargo（货物）时，已知信息是 car（汽车）和 go（走），组合起来就是汽车拉走了货物，即 car+go=cargo。

新旧知识之间是有联系的，已知是学习未知的基础，任何知识都不能只是一味地机械记忆。我们一定要引导孩子用旧知识去思考和领会新知识，这样才能激起孩子的学习兴趣，帮助孩子更快地理解新知识，从而使学习达到事半功倍的效果。

➘ 从已知走向未知的过程

在知识的海洋中，我们已知的知识就像一座海岛，而海岛之外的广阔海域则是我们未知的知识，海岸线就是连接海岛与海水、已知和未知的纽带。海岛越大，海岸线越长，我们接触到的海水就越多。也就是说，已知越多，连接性就越强，我们接触到的未知就越多，从而“已知的海岛”也就会越大，形成一个良性循环。

在这个信息大爆炸时代，竞争日益激烈。我们只有积极探索未知，努力扩大自己的认知边界，才能在竞争中更具优势，从而获得更多的可能性。在教育教学中，我一般是按照以下 5 步来引导孩子从已知进入未知的。

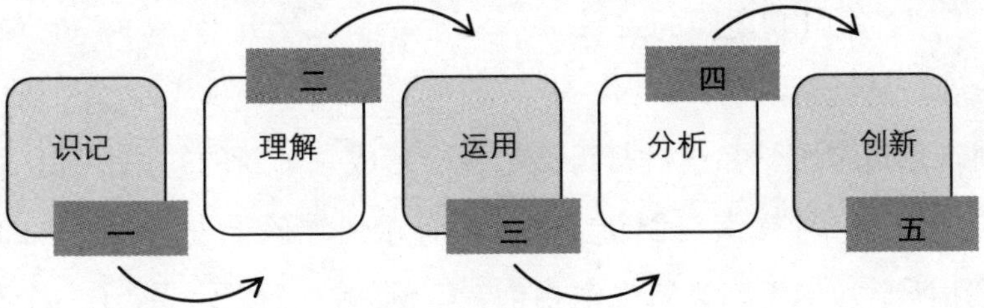

图 8-3　从已知到未知的过程

第一步是识记。

识记是指对已经学过的知识进行记忆，以加强印象，将短期记忆转变为长期记忆。识记的过程就是积累知识或经验的过程。在英语学习中，家长不断引导孩子对所学基础单词和简单句子进行识记，能够为之后学习更复杂的知识打好基础。

第二步是理解。

理解是指对所学知识形成自己的理解。当孩子阅读完一篇英语小故事后，家长可以让孩子用自己的话把小故事复述出来，或者家长可以就这个小故事提出一个问题让孩子进行回答。若孩子能够复述得很好、回答得很准确，那么就表示孩子对所学知识理解到位了。

第三步是运用。

运用是指把学到的知识应用于新的情景中。运用是以识记和理解为基础的。当孩子掌握了一些简单的英文表述后，家长可以引导孩子将所学句子应用到实际生活中，来表达自己的实际需求或解决实际问题。

第四步是分析。

分析是指把所学知识进行分解，并分析各个部分之间的联系。例如，家长可以引导孩子将一个简单句进行成分分解，让孩子了解什么是主谓宾，以及主谓宾之间的关系；家长还可以引导孩子将复杂句分解成几个分句，让孩子了解各个分句之间的关系。

第五步是创新。

创新是指对所学知识进行重新组合，形成一个新的知识整体。学习的过程本身就是一种探索与创新。家长要善于引导孩子进行创造性的学习，让孩子用所学知识不断进行发散再创造。例如，当孩子阅读了一个英语小故事后，家长可以引导孩子利用其中学到的句型结构和之前学到的单词创造出一个全新的小故事。

从识记到创新的过程就是从已知走向未知的过程。任何新知识的获取都是从已知开始的，若完全抛开已学知识去学习未知，那么新知识的获取将变得十分困难。英语学习更是如此。家长要善于引导孩子运用已学知识学习未知，让孩子从"已知的海岛"出发，去探索更多充满未知的广阔海域。

三、用文化激发语言潜能

在英语教育中，我们经常会发现这样的问题：孩子虽然已经牢固掌握了英语词汇、句型和语法知识，但是在阅读一篇文章时，仍然无法较为准确地理解整篇文章的内容。之所以会出现这种情况，大多是因为孩子缺乏对文化背景知识的了解。

一种语言必然深深根植于该民族文化之中。英语也不例外，有其特定的文化背景。只有深入了解英语的文化背景，才能用文化激发语言潜能，使英语学习变得更容易、更有趣。

我小时候并没有太多的途径来了解外国文化，主要是通过阅读。如今，孩子学习外国文化的方式越来越多。例如，在英语教学中，我经常带孩子参加一些节日文化活动，如复活节、万圣节、感恩节等，不仅能让孩子在活动过程中更直观地感受外国文化，还能激发孩子学习英语的兴趣。

➘ 文化对英语学习的影响

影响孩子英语学习的因素有很多，如学习心理、学习条件等。其中，有一个至关重要的因素就是文化知识，即孩子对以英语为母语国家的社会文化的了解程度。

语言和文化密不可分，语言是文化的一部分，不能脱离文化而存在。只学习语言而不学习文化，孩子将很难完全理解和正确使用所学语言。对于英语学习来说，英语文化对英语学习同样有着十分重要的影响。

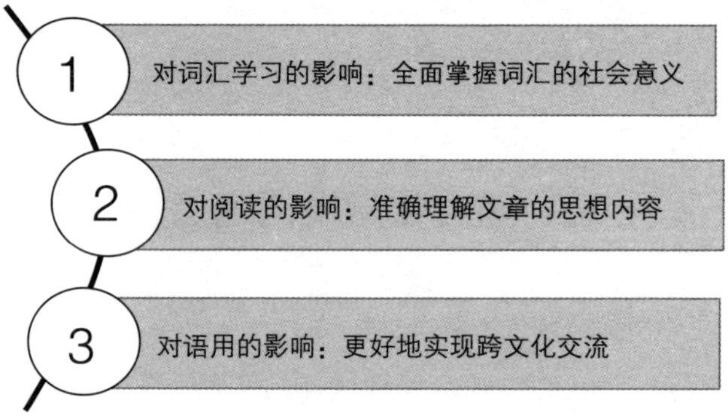

图 8-4　文化对英语学习的影响

1. 英语文化对词汇学习的影响

在英语学习中，很多孩子都存在这样的困扰：对于一个句子，知道每个单词的意思，但就是翻译不准确。之所以出现这种状况，往往是因为孩子对英语文化不了解，所以无法准确把握词汇的社会意义。

文化背景不同，表示同一事物的词语在不同语言中的含义也有所不同。例如，“you are a lucky dog”表达的含义是“你是个幸运儿”，“dog”在这里并不含贬义。在英语中，词汇的含义远远超越了它的本义。为了准确全面地理解词汇的含义，孩子就需要深入了解英语文化。

2. 英语文化对阅读的影响

了解文化背景知识，能够帮助孩子减少阅读困扰，增强阅读能力。在阅读一篇文章时，孩子具备相关的文化背景知识才能更准确地理解文章内容。若没有一定的英语文化知识，即使在阅读中没有遇到生词和语法障碍，也很难对文章进行正确解读。

例如，当孩子读到有关复活节的英语文章时，若孩子十分了解复活节相关的文化知识，那么即使有一些生词也不会影响孩子对文章的理解。相反，若孩子完全不知道什么是复活节，不知道彩蛋有什么寓意，那么在阅读文章时就容易出现一些理解偏差。

3. 英语文化对语用的影响

语用即语言的运用。孩子学习英语的最终目的就是更好地实现跨文化交流。由于各个国家的社会文化不同，生活习惯也存在较大的差异，因此在和外国人进行交流时，为了能够向对方准确表达自己的意思，孩子就需要全面了解西方国家的文化知识。

例如，中国人见面打招呼时通常会说“你吃饭了吗”“你去哪儿”，而英美国家的人见面打招呼时通常会说“How are you”“Hello”。又如，中国人在听到对方称赞自己时，通常会谦虚地回应一句“哪里，哪里”，而英美国家的人则会回答“Thank you”。如果不了解英语文化知识，即使孩子英语学得再好，在实际应用中也可能会出错。

语言有着深刻的社会文化内涵，这种文化内涵包括信仰、风俗习惯、道德情操、社会历史等。若只是简单的学习语言知识，不学习语言背后所蕴含的文化知识，那么孩子就无法真正地掌握这门语言。

孩子学习英语是为了更好地进行跨文化交流，这就要求孩子必须深入了解英语文化。语言不能脱离文化而独立存在。若只重视语言知识教育而忽视文化教育，必然会影响孩子的英语表达能力，还会削弱孩子学习英语的兴趣。

深入了解文化背景，提升英语学习力

在英语教育中，很多家长都只重视英语语言知识的教育，而忽视文化背景知识的教育。因此，很多孩子虽然掌握了大量词汇和语法知识，但是在实际应用时仍然无法用英文准确表达自己的意思。

若不了解英语文化，孩子就无法正确理解和运用英语这种语言。在英语教育中，家长应该把文化融入到孩子的英语学习中，对文化进行有意识的渗透，努力为孩子创造文化教育环境，让孩子在良好的文化氛围中感悟英语语言的魅力，提升英语学习能力。

具体来说，我主要是按照以下两大主线来帮助孩子学习西方文化的。

1. 日常文化主线

饮食文化是日常文化的重要组成部分。在日常饮食文化上，东西方存在较大的差异。例如，中国人常常把米饭、面食作为主食，而美国人则把一餐中吃得最多的食物称为主食。若美国人已经吃了很多肉食，这时我们再问他们想吃点什么主食，那么即使我们的英文表述完全没有词汇和语法错误，也会让他们感到疑惑不解。

此外，在饮食文化中，我国有筷子文化，西方有刀叉文化。刀叉如何摆放、如何运用，都有特定的礼仪。家长在教孩子学习与日常饮食相关的英文表述时，不妨将日常饮食文化融入到英语学习中。家长还可以带孩子到西餐厅，一边用餐一边为孩子讲解西方餐桌礼仪，让孩子更直观地感受英美文化。

2. 节日文化主线

在英语教育中，除了引导孩子学习书本上的知识，我们还应该多带孩子参加一些英美节日主题文化活动，让孩子完全融入到良好的英语文化氛围中，这样不仅能让孩子直接学习到英美国家的文化知识，还能够激发孩子学习英语的兴趣。比如美国的重要节日，如表 8–1 所示。

表 8–1 美国的重要节日

时间	节日名称	节日内涵	主要习俗
1 月 1 日	元旦（New Year's Day）	西方国家的新年	互道祝福、集体庆祝
2 月 14 日	情人节（Valentine's Day）	全世界著名的浪漫节日	互赠礼物（花、巧克力、贺卡）
春分月圆后的第一个星期日（3 月 21 日 ~4 月 25 日）	复活节（Easter ）	纪念耶稣复活	制作复活节彩蛋
7 月 4 日	美国独立日（American Independence Day）	纪念正式通过《独立宣言》	举行盛大庆典和游行
11 月 1 日	万圣节（All Saints' Day）	西方的传统节日	制作南瓜灯、扮演鬼怪
11 月的第四个星期四	感恩节（Thanksgiving Day）	美国人合家欢聚的节日	吃火鸡、购物
12 月 25 日	圣诞节（Christmas）	纪念耶稣出生	扮演圣诞老人、装饰圣诞树

在教孩子学英语时，家长要利用好节日文化主线，多带孩子参加一些西方的节日文化活动。例如，在复活节当天，我会带孩子一起参加复活节活动，和孩子一起制作复活节彩蛋，一起玩找彩蛋的游戏。通过参加复活节活动，孩子就能够更好地了解复活节相关的文化知识，如知道复活节是为了纪念耶稣复活而设立，彩蛋寓意着生命的开始与延续，代表着人们的美好心愿。

文化对语言有着十分重要的影响。理解和学习语言必须了解相关文化。在英语教育中，家长应该把握好日常文化和节日文化两大主线，让孩子全面了解英美文化。通过学习日常文化，孩子能够了解英美国家的社交礼仪、餐桌礼仪等；通过学习节日文化，孩子能够了解英美国家的社会习俗、审美情趣、发展历史和价值观念等。

任何语言的生存和发展都离不开社会文化环境。若英语学习脱离了文化环境，那么孩子只会成为没有感情的“翻译机器”。要想让孩子学好英语，家长就要努力为孩子创造文化环境，用文化激发语言潜能，把孩子培养成一个具有较高的文化素养的人。

↙ 第九章
听说先行，告别“哑巴英语”

很多70后、80后父母是传统英语学习方法的受害者，他们学英语时背诵了大量的单词，反复学习语法，以为这样就可以说一口流利的英语，殊不知参加工作后，别人说的英语听不懂，自己说的英语别人又听不明白。

同样地，今天的孩子们又面临着类似的问题。他们上了很多英语辅导班，读了很多英文绘本，但是听力和口语依旧是短板。听不懂自然就说不出，到最后学的还是“哑巴英语”。要想摆脱“哑巴英语”，孩子们就要在听与说上下功夫，在英语学习上融会贯通。

一、听：感知声音，一听即懂

有研究指出，人们在沟通时有 40%~50% 的时间在聆听，25%~30% 的时间在说话，11%~16% 的时间在阅读，9% 的时间在写作。听是一项非常重要的技能，更是开启英语学习之路的敲门砖。

我小时候学习英语就非常重视听力练习。90 年代，我们练习听力的工具是卡带。上早读时，老师会给我们播放英文卡带，一开始我听不懂，放学回家后我会多听几遍，慢慢地就能听懂了。

任何一种语言的输出都是经过了大量输入积累的结果，因此，大量的“听”是孩子学好英语的基本前提，是孩子们摆脱“会写不会说，能认不能用”的关键。

➘“听”的六个阶段

澳大利亚语言学家 David Nunan 将听划分为听到、参与、理解、记忆、评估和回应六个阶段，如图 9-1 所示。

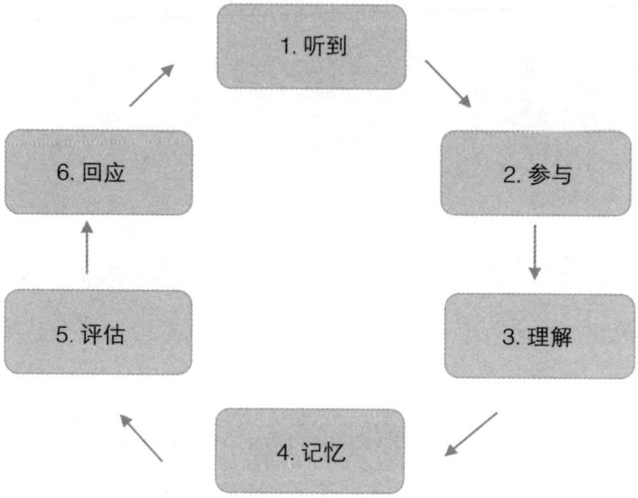

图 9–1 “听”的六个阶段图

“听到”是指孩子们对声音的感知，但并不一定会对这声音产生关注。“参与”指孩子们有选择地关注想听的声音，对不感兴趣的声音自动屏蔽。“理解”指在声音的刺激下，结合自身的知识背景对声音所表达意思的理解。“记忆”指接受、解释信息后，将这些信息存储到大脑中。“评估”指将听声与事实进行比较，评估所听到的声音是否客观真实。“回应”指对听到的信息进行回复，即说。

如今，很多家长对“听”有了一定的重视，但是在方法上却不得要领。他们往往让孩子听了大量的内容，想用“磨耳朵”的方式来提升孩子的听力，但却收效甚微。这是因为他们忽视了孩子的参与度，只是把孩子当成了一个容器，把自己认为好的东西往里面灌，却没有考虑是否适合。

有些父母在孩子英语学习上下了很大的工夫，苦口婆心一番教导，结果孩子们却“左耳朵进，右耳朵出”。出现这种情况可能是因为，孩子们听到的内容与自身理解能力不匹配，或者完全不感兴趣，他们对听到的信息进行了选择性屏蔽。要解决这一问题，家长们就要改变教育方法，结合“听”的六个阶段为孩子们量身定做英语学习规划。

➘从“听得懂”到“一听就懂”

学习一门语言的目的是实现沟通交流，有的人能够听得懂，但是在实时沟通中还是跟不上。这是因为，“听得懂”和“一听就懂”是有区别的，只有一听就懂才有可能实现语言的实时交流。那么如何让孩子练就“一听就懂”的英语能力呢?

一是专注于听力训练。

孩子刚开始接触英语时，通常什么也听不懂，很多家长为此毫无头绪，不知道应该从何下手，甚至步入误区。一些家长让孩子背单词，他们认为单词是构成句子的元素，明白了单词的意思就能够明白句子的意思。殊不知，这样的教育方法让孩子距离英语思维的形成越来越远，看到句子的时候他们往往会将一个个英语单词转化为汉语，再组合成句子，如此在理解上很难透彻，在说上更是磕磕绊绊。

父母要对孩子“听”的能力有信心，相信孩子在大量“听”的面前能够逐渐理解其中含义。我们每一个人刚刚来到这个世界的时候都是不会说话的，但是一生下来就一直在听周围人说话，一年多后我们慢慢开口说话，这便是基于大量“听”下的“说”。同样地，在英语学习面前，孩子首先要专注于听力训练，有了足够多的输入才能逐步理解并产生输出。

二是听的内容要循序渐进。

英语听力训练的内容应符合孩子的认知程度，并在这个基础上逐步增加新的内容。例如，刚刚接触英语时，孩子会有抵触情绪，这时可以通过游戏闯关的方式来训练他们的听力，让孩子们根据听到的声音选择图片，见图 9-2。

图 9–2　男孩女孩图

父母可以给孩子依次展示 A girl 和 A boy，孩子选择正确则通关成功，选择错误则一边读 A girl 一边给孩子展示女孩的图片，一边读 A boy 一边给孩子展示男孩的图片。多次重复后，孩子就会把 A girl 的声音同女孩的图片联系起来，把 A boy 的声音同男孩的图片联系起来。

等孩子过关后，家长可以继续给孩子展示图片，如图 9–3 所示。

图 9–3　男孩女孩读书图

这时父母给孩子听的声音则是 The girl is reading 和 The boy is reading。在上一环节中，孩子明白了 girl 代表的是女孩，boy 代表的是男孩，通过画面可以明白 reading 代表的是读书。通过这样循序渐进的训练，孩子可以在闯关中有效地理解英文的意思，并在这个过程中建立起英语思维。

三是通过科学重复让孩子快速掌握学习的英语内容。

孩子在英语听力上表现不佳还可能是因为英语词汇量匮乏或者所学的英语发音不标准，针对这两大主要原因进行强化训练可以有效提高孩子的英语听力能力。

面对词汇量不足的问题，父母可以让孩子们多记忆一些英语单词和句子，这个过程是漫长的。为了增强孩子学习的积极性，父母要有一定的激励手段，如掌握 1000 个词汇带孩子去游乐场玩。除了激励，父母还要增强孩子英语学习的趣味性，让孩子爱上学英语，而不是把它当成一项任务。

针对英语发音不标准问题，父母一方面要让孩子大量地听纯正英语录音或者让孩子跟着发音纯正的外教学习英语，另一方面要让孩子听自己读出的英语，通过不断比较来认识到自己的发音错误，从而提高自身的英语听力能力。

在英语学习过程中，父母要给孩子一段沉默期，在这段时期，孩子不说、不读、不写，只是听，这才是正常的启蒙路径。“听得懂”与“一听就懂”有着巨大的差别。只有反复听，孩子才能培养韵律感，真正掌握英语这门语言，从而才能够用这门语言实现实时交流。

二、说：跟读三遍，大胆开口

人刚出生时都不会说话，每个人都经历过咿呀学语的阶段，在这个阶段，人们不断地重复和模仿。在重复与模仿下，学说普通话的人学会了普通话，不断重复上海话的人学会了上海话，模仿四川话的人学会了四川话……学习语言的捷径就是重复跟读、反复模仿，也就是说，“说”是学习语言的重要方法。

上中学的时候，英文老师经常让我们两两进行角色扮演，然后到讲台上进行表演，慢慢地自己就越来越敢说了。后来，我还参加了学校的英语角，并成为了主持人，很好地锻炼了我的语言组织能力和临场应变能力。我认为提高“说”的能力，主要就在于不断地说、不断地重复。也就是说，爱“说”才会赢。

跟读三遍，说好英语

在学习英语时很多人常常有这样的感受：听英语录音时刚开始能够听懂，但录音放完后却不记得内容，更难以复述；或者听懂了很多单词，但是组合起来却不知道录音讲述了什么；又或者只是感觉单词很熟悉，但忘记了是什么意思，更不理解其中意思。

一方面是听不懂，另一方面是说不出，英语能力自然无法形成。为此，对刚刚接触英语的孩子们来说，跟读就十分关键。需要注意的是，跟读不是简单地复述，读书至少要读三遍，不同年龄阶段的孩子跟读方法也稍有差异。

面对学龄前儿童，他们大多词汇量较少，无法用英语表达出完整的句子，因此，父母最好给孩子选择故事简单的绘本。第一遍让孩子熟悉基本的听说，并培养其阅读习惯：父母可以以表演的形式讲述绘本故事，并鼓励孩子复述一些重要的句型。第二遍让孩子将所听与所见对应：这一遍仍然是父母朗读，但要要求孩子将听到的内容与书中的图片对应起来，如果孩子无法完成任务，那么父母可以多给孩子读几遍。第三遍让孩子复述并理解关键句型，以提升口语能力：每个孩子都有自己的特点，父母要因人而异，通过孩子感兴趣的点带领孩子参与到故事情节的演绎中，并在表演中将重点语句朗读出来。

面对小学低年级儿童，朗读能力能帮助孩子形成英语语感，并强化对单词和句型的掌握。需要注意的是，在朗读前，父母要帮助孩子预习重要的单词，鼓励孩子用拼读的方式读出重要单词，并通过单词卡等游戏加深孩子的记忆。然后，父母可以和孩子一同浏览书的封面和目录，让孩子对故事有一个大致了解。

第一遍父母可以与孩子分段朗读，在这个过程中，父母要纠正孩子的发音问题，并结合上下文和孩子进行一些互动，以吸引孩子继续阅读的兴趣。第一遍朗读主要是为了让孩子熟悉故事内容，并纠正孩子的发音，第二遍的重点则是提高孩子朗读的流利程度。在这一遍，父母可以让孩子跟着音频一段一段地跟读。在第三遍开始前，父母可以先帮助孩子复习重要词汇，而后让孩子独立朗读。

孩子能够独立朗读后，家长还应鼓励孩子进行深一步的学习。例如，可以让孩子浏览书中的插图，让孩子复述书中的内容；文章后面一般都会有阅读理解，父母可以鼓励孩子做一做，等等。

爱“说”才会赢

英语能力的提高，需要孩子反复朗读，更需要大胆开口实践。有的孩子背了很多英语单词、句型，当让他用英语回答问题时却依旧“哑口无言”；有的孩子朗读文章时十分流利，甚至能够流畅地背下来，当让他即兴演讲时却磕磕绊绊说不出话；有的孩子与同学、家长用英语交流时没什么障碍，当让他与外国人交流时却一脸茫然……造成这些现象的原因便是缺乏开口实践经验。

朗读时孩子只需要将固定的词读出来即可，但是用英语实时沟通时，是没有固定的台词的，有着很大的随机性和不确定性，需要孩子们具有较强的随机应变能力和英语思维。因此，要想掌握英语，孩子们必须时时练习，用大量的“说”来提高英语沟通能力。

英语教学界泰斗张道真先生接受采访时曾说：“学口语是学任何语言一个开门的钥匙，听说能力强，读写就不难。”而要想掌握开启英语世界的钥匙，第一步便是要打破英语学习的沉默期，即大胆开口。

为此，父母需要为孩子营造一个良好英语环境，让孩子在沉默期输入足够多的英语听力，之后鼓励孩子用英语与他人交流，让孩子在不断重复说的过程中掌握日常英语。需要注意的是，在这个阶段，父母不要过分强调发音是否地道，而要注意培养孩子开口说英语的信心。

在实时交流中，孩子们遣词造句的能力能够得到迅速提升。为了提高孩子的口语能力，父母一方面要加强孩子在英语基础知识上的掌握程度，另一方面要引导孩子主动练习口语表达。孩子总是一个人练习英语很容易觉得索然无味，从而失去学习英语的兴趣，因此父母要为孩子找到志同道合的学习英语的伙伴，并鼓励他们用英语交流。

孩子的逻辑思维能力和批判性思维能力发展很快，也就是说孩子们比大人更容易建立英语思维。在这个时期，父母要引导孩子像学习母语一样观察、思考、学习英语，并鼓励孩子尽可能多地参加英语角、英语演讲比赛等活动。需要注意的是，不要让孩子过分注重比赛的名次，参加活动的目的是增加孩子的胆量，让孩子享受英语学习与比赛的过程。

大胆开口是英语学习很好的一个开始，一方面有利于孩子培养英语思维，另一方面也是孩子突破自我培养自信。此外，父母要尽可能地鼓励孩子说英语，将说英语融入到日常生活中。

由于年龄小，很多孩子在英语学习中接受速度比较慢，因此父母要鼓励孩子反复跟读，至少跟读三遍。在一遍遍的跟读中，父母要逐步解决孩子英语学习中的问题。另外，学习一门语言会有沉默期，父母要正确认识孩子在英语学习过程中的不同阶段，并激励孩子大胆开口，用英语主动与人交流。

三、跟孩子进行英语情景对话训练

大部分孩子都很讨厌背诵，对他们来说，记单词、背课文是一种痛苦的体验。即使勉强背过了，没过几天又忘了，就会陷入背了忘、忘了背的循环中，最后的结果便是孩子产生了厌学心理。劝告家长一定不要采用这种死记硬背的方式教育孩子学英语。

要提高孩子的听说能力，父母可以跟孩子多进行英语情景对话训练，让孩子在耳濡目染中将英语知识融会贯通。

我女儿出生在一个跨文化家庭，在平时的生活中，我们经常跟孩子用英语交流，因此她基本上每天都沉浸在英语环境中。如今，小小年纪的她已经能够用简单的英语句子来向我们表达她的诉求了。

打开孩子的“话匣子”

孩子是最怕无聊的，而背诵的过程单调、乏味，孩子最为不喜欢。更糟糕的是，英语知识散乱，孩子特别容易记忆混乱。孩子学习英语困难，不肯用英语开口，面对这一窘状，父母或许可以试一试情景对话训练法，来打开孩子的“话匣子”。

所谓情景对话训练法，是指在具体的生活场景下，引导孩子用英语与人交流，从而提升英语表达能力。信息交流是在情景中理解并表达语言意义来实现的。任何语言只有在具体的情景中才能体现其功能，同样地，英语的学习也离不开情景。因此，父母要想方设法地为孩子创造英语情景，帮助孩子理解英语、运用英语。

很多孩子最讨厌背单词，但是单词是英语学习的基础，父母又不得不逼着孩子去背。于是，一到背单词的时间对大多数孩子来说十分痛苦，他们甚至趴在桌子上装睡。其实，背单词也可以很有趣，父母要学会创造情景，让孩子在具体的情景中用英语开口。

不同的场景适合不同的英语对话，父母要对症下药，给孩子们构建一个贴合英语沟通的场景，这样学习效果会事半功倍。例如，在学习情绪单词时，父母可以充分结合具体情节。带着孩子做游戏，在孩子最欢乐时跟孩子说：“You make my day.”（你让我太开心了）。孩子犯错误时，可以板着一张脸说：“You get on my nerves.”（你让我很生气）。具体的场景能够让孩子透彻地理解单词和句子的含义，并能在类似的情景中运用英语词汇或句子。

英语不是我们的母语，很多孩子在学习中觉得英语很难，这是可以理解的，父母不要为此感到棘手。在生活中，父母可以跟孩子做角色扮演，如果孩子喜欢公主，那就来一场童话故事，如果孩子喜欢冒险，那就来一场海盗或侦探探险。结合孩子的兴趣让孩子主动地去融入情景中，用英语与人沟通。

↘ 在场景中掌握英语能力

很多父母意识到了英语语境的重要性，也想在家里跟孩子用英语进行对话，但是当真正交流起来就会发现许多问题。例如，一些单词不会说，如酱油、牙膏、抽油烟机等，又或者搞不明白英语时态，或者发音不准确等。于是，父母只能借助一些手机软件的帮助，但这又导致情景被打断。

选择适合的情景对话，对那些英语水平一般或者不常用英语与人交流的父母来说十分重要。那么在和孩子相处的时间中，有哪些生活场景比较适合父母用英语与孩子沟通呢?

下面列了一些适合父母用英语与孩子沟通的场景，父母可以用这些常用语为孩子创造英语情景。

1. 休息篇

It is time to go to bed. / Time for bed.（该上床了。）

It is time to go sleepy-bye.（到睡觉的时间了。）

It is already past your bedtime.（现在已经过了你睡觉的时间了。）

Sweat dreams.（做个好梦。）

It is time to have a nap.（该午休了。）

Wake up!（起床。）

Time to get up.（该起床了。）

Did you sleep well?（睡得好吗？）

2. 穿衣篇

It is time to get dressed.（该穿衣服了）

What do you want to wear today?（今天想穿什么？）

This shirt does not go with those pants.（这件上衣和裤子不搭配。）

Stand still. / Sit still.（站好 / 坐好。）

Now put on your sweater.（现在穿上毛衣。）

Take your clothes off. / Take off your clothes.（脱衣服。）

Pick up your socks，clothes.（请把袜子捡起来。）

Put on your trousers /shoes / coat / cap.（穿上你的裤子 / 鞋子 / 外套 / 帽子。）

3. 洗漱篇

Wash your face and brush your teeth.（洗脸刷牙。）

Put only a little toothpaste on your toothbrush.（牙刷上要蘸点牙膏。）

When you come home, you should wash your hands.（回到家时，你应该洗一下手。）

Scrub your hands with soap.（用肥皂擦洗你的手。）

You need to have a bath.（你得洗个澡了。）

Watch out for the slippery floor.（厕所的地板很滑，要小心哦。）

Do you need to go potty?（你要去大小便吗？）

I need to go to the bathroom.（我要上厕所。）

Do not unroll the toilet paper.（不要扯手纸。）

Do not use too much toilet paper.（不要浪费手纸。）

Do not pick your nose. / Do not stick your fingers in your nose.（不要用手挖鼻子。）

Wipe your bottom.（擦擦屁股。）

4. 晚餐篇

What do you want for dinner?（晚餐你想吃什么？）

It’s time for dinner.（要吃晚餐了。）

Dinner’s ready.（晚餐好了。）

Come and have dinner.（来吃晚餐吧。）

Wash your hands before dinner.（吃晚餐前先要洗手。）

Honey，tell Dad to come and eat.（宝贝，叫爸爸来吃晚餐。）

Thank you. Can you set the spoons?（谢谢，你能把汤匙拿来吗？）

Wow，it looks delicious!（哇，看起来好好吃喔！）

5. 作业篇

Do you have any homework?（你有家庭作业吗？）

Yes，I do. / NO，I don't.（是的，我有。/ 不，我没有。）

What's your homework?（你的作业是什么？）

Show me your assignment notebook.（给我看你的作业本。）

Play after you do your homework.（做完作业再玩。）

Did you get your homework done?（你把作业做完了吗？）

Do your homework first.（先做作业。）

After a little while.（再等一下子。）

6. 玩耍篇

Mom，can I go play outside?（妈，我可以去外面玩吗？）

Come back in an hour.（一小时后要回来。）

Come back before dinner.（晚餐前要回来。）

Just stay around the house.（只能在房子附近玩。）

Don't go out of the apartment area.（不要走到公寓社区外。）

Don't go too far.（不要去太远。）

通过情景对话学习英语，孩子不仅可以提高实际语言运用能力，还能提高学习兴趣、生活经验、认知水平。

强制性的背诵有时候效果并不明显，孩子背得很艰难但又忘得很快，这很容易打击孩子的学习积极性。而情景对话能为孩子营造一个更容易接受的环境，让孩子更顺畅地理解英语词汇或句子的意思，培养孩子英语学习的积极性。为此，父母需要给孩子创造英语情景，引导孩子用英语交流。

第十章
阅读为基，决定学习高度

阅读，是孩子获得成长力量、获取人生智慧的源泉。同时，阅读在英语学习中也扮演着极为重要的角色。要想学好英语，大量的阅读必不可少。通过大量阅读，能够扩大孩子的词汇量，培养孩子的语感，提高孩子的写作水平，开拓孩子的思维。

但是，阅读不能盲目进行，否则就难以产生良好的效果，只会浪费孩子宝贵的时间。自然拼读是孩子从听说过渡到读写的桥梁，在进行大量阅读前，家长应该先教孩子学习自然拼读，为阅读打好基础。

一、在阅读中蓄力成长

阅读是孩子成长所必需的力量源泉，在孩子的成长过程中起着非常重要的作用。通过阅读，孩子能够打开对世界的认知之门，获得更多成长的力量。英语学习同样如此。从某种意义上来说，阅读决定英语学习的高度。

初中时，我通过大量阅读，提升了自己的英文水平，打开了自己的思维认知。由于村小学不教英语，所以我是从初中才开始接触英语的。那时候，我读过牛津阅读树系列图书、书虫系列图书，以及《汤姆叔叔的小屋》《简爱》《雾都孤儿》等精简版的英文名著。上高中后，我开始读一些英文版的名人传记，如《居里夫人》《爱因斯坦》《富兰克林》等。通过大量阅读，我了解到了国外的文化和风土人情，视野和认知逐渐被打开了。

➘ 能力，在阅读中提升

在英语教育中，很多家长会陷入这样的误区：为了提高孩子的英语成绩，给孩子报各种培训班，让孩子做大量的英语试卷，看似投入了大量的时间和精力，实则收效甚微。

那么，怎样才能有效地提升孩子的英语能力呢？能力是在阅读中提升的。阅读量不同，孩子的英语水平也会有所不同。

我们不妨先看下面的案例。

壮壮，一名 8 岁的小男孩，3 岁开始学英语。家长为其提供了大量的英文绘本，并每天引导壮壮进行英语阅读。经过长期的阅读积累，壮壮的英语能力不断攀升。

俊俊，一名 10 岁的小男孩，5 岁开始学英语。俊俊学习很刻苦，但一直学习的是应试英语，英语阅读量很小，不仅听说能力弱，应试能力也一般。

乐乐，一名 11 岁的小男孩，6 岁开始学英语。乐乐家长很重视英语学习，但是自己平时很忙，没有时间陪伴孩子进行英语阅读，乐乐的英语学习进度十分缓慢。

这 3 名小男孩在智商方面并没有太大的差异，其家长的英语水平也相当，但是由于阅读量不同，5 年后他们的英语水平呈现出了明显的差异，如下表所示。

表 10-1　不同的阅读量造成的英语水平差异对比

姓名	学习方式	听说水平	读写水平
壮壮	大量阅读	能够进行流利交流	8 岁达到美国 8 年级水平，超越很多美国同龄人
俊俊	课外英文阅读量较小	能够进行简单的日常交流	落后美国同龄孩子两三年左右
乐乐	几乎没有课外阅读	听说能力较弱	只有美国学前班水平

通过上表可以看出，造成这3名小男孩英语水平差异的一个重要原因就是阅读量的不同。通过大量阅读，孩子可以获取更多的知识，获得更快的成长。正如教育家苏霍姆林斯基所说："凡是那些没有学会流利地、有效理解阅读的人，他都不可能顺利掌握知识。"

英文著作阅读量大的孩子往往英语水平较高，学习成绩较好。但是，阅读带给孩子的影响不仅仅体现在英语水平的提高上。阅读的力量往往超越了语言学习本身，能够带给孩子更多的成长力量。

1. 阅读量大的孩子，理解能力强

当孩子进入小学阶段以后，任何一门课程都是需要先理解，然后才能进行更好地学习。在考试中，无论是语文，还是数学，或是英语，也都需要读懂题意才能正确答题。家长如果在孩子幼儿时期就开始引导孩子阅读，就能够很好地培养孩子的理解能力，为孩子将来的学习打下良好的基础。

2. 阅读量大的孩子，自学能力强

随着年龄的增长，孩子会接触到更多的知识，老师和家长往往无法面面俱到，一一为孩子讲解清楚。这时，孩子的自学能力就变得尤为重要。阅读量大的孩子，能够通过丰富的阅读积累掌握更多的知识，在学习其他知识时便能融会贯通。较强的自学能力和阅读能力，就是孩子学习新知识的有效工具，也是大部分爱阅读的孩子成绩优秀的重要原因。

3. 阅读量大的孩子，做事情更加专注

孩子要看完一本自己喜欢的书，就需要认认真真地去阅读，这样就养成了他们专注书本、专注一件事情的习惯。所以经常阅读，能够让孩子在做事情时更加专注。

4. 阅读量大的孩子，视野更加开阔

阅读可以开阔孩子的视野，孩子在书中能够学到很多日常生活中不会出现的知识。所以当他们遇到自己不曾经历过，却在书中看到过相似的事情时，就会马上去回忆和思考，会运用书本中的知识排除困难。

5. 阅读量大的孩子，有独立的见解

喜欢阅读的孩子，他的精神世界是丰富的，他能够通过阅读来改变自己的谈吐和气质。阅读量大的孩子会有自己独立的见解和想法，不容易盲目跟风。

成长，从阅读开始。阅读将会使孩子终生受益，让孩子不仅得到英语能力的提升，也会获得更多的成长力量。

没有不喜欢阅读的孩子，只有不懂得引导孩子爱上阅读的家长。其实，阅读并非一件正襟危坐、严肃认真的英语学习任务，而是一件自然而然发生的事。父母必须认识到阅读的重要性，然后引导孩子每天带着兴趣进行阅读，千万不要把阅读当成一项学习任务来做。

思维，在阅读中升华

阅读是智力和思维发展的源泉。通过阅读可以使孩子的智力得到提升，思维得到升华。大量的课外阅读，能够使孩子打下良好的知识基础，使孩子的逻辑思维得到不断的发展和完善，使孩子看待问题时不再停留在表面，而是懂得深入思考和分析。

这种思维的升华具体体现在语言思维、分析思维和创新思维能力的提升上。在这里，我们可以通过以下 3 个例子来分析，不同的阅读量对这三种思维能力所造成的影响。

1. 语言思维对比

例：夸赞他人做得好。

表 10-2　不同阅读量造成的语言思维差异对比

阅读量大的孩子	阅读量小的孩子
1. That was impressive. 2. Your work on that project was incredible. 3. Keep up the good work! 4. We're so proud of you. 5. He has a long head. 6. You have a real talent. 7. I'm very pleased with your work. 8. You kick ass.	1. You're good. 2. You're very good. 3. Good job! 4. Wonderful!

2. 分析思维对比

例：What is it? ——It's a phone.

表 10-3　不同阅读量造成的分析思维差异对比

阅读量大的孩子	阅读量小的孩子
This is the newest type of phone. You can see that it has a wide color screen. It has quite a lot multimedia functions such as photo taking, video shooting and MP3 playing. You can also download videos or music from your computer to its memory card so that you can enjoy it on your cellphone. It can communicate with other phones through Bluetooth technology. All in all, it have all you can think of. You really shouldn't miss it.	What is it? It's a phone. It is black. We can use the phone to call. The phone has many keys.

3. 创新思维对比

例：如果你来塑造灰姑娘的后妈，你希望她是什么样的人？

表 10–4　不同阅读量造成的创新思维差异对比

阅读量大的孩子	阅读量小的孩子
我希望她可以成为一个包容的人。她可以接纳灰姑娘，在给姐姐们好看的裙子时，也能给灰姑娘。（包容是一个有指向的词，并给出具体的体现包容的做法）	我希望她是一个好人，对灰姑娘好。（好的定义很宽泛）

通过以上 3 个表格可以看出，在语言思维上，阅读量小的孩子只会进行简单的表述，而阅读量大的孩子则掌握了丰富的词汇，能够运用更多的形容词；在分析思维上，阅读量小的孩子几乎缺乏对事物的分析能力，只能看到事物的表面，而阅读量大的孩子则能够对一件事或一件东西进行全面系统的分析；在创新思维上，阅读量小的孩子几乎没有创新与想象能力，而阅读量大的孩子则拥有较强的创新能力，能在原有故事的基础上合理地提出自己的见解。

由此可见，阅读在孩子的语言学习中具有非常重要的作用。可以说，阅读的力量远远超越了语言学习本身。阅读能够从多个层面促进孩子的语言认知和思维能力，还可以满足孩子的求知欲和好奇心，提高孩子的学习兴趣和学习能力，从而帮助孩子成为更好的自己。

二、自然拼读为阅读打好基础

英语启蒙阶段，听说是关键。孩子步入小学阶段后，就要开始进行读写训练了。但是，对于很多孩子来说，很难实现从听说到读写的过渡，阅读仍然是孩子英语学习的一大障碍。那么，家长怎样才能帮助孩子把听说与读写更好地连接起来呢？

自然拼读就起到了很好的桥梁作用，上接听力，下接阅读，可以帮助孩子把听力词汇迅速转化为阅读词汇。孩子掌握了自然拼读规律，就相当于学会了独立行走。在阅读中，即使遇到生词，只要这些词符合拼读规律，孩子就能够快速准确地读出来。

我女儿出生在一个跨文化家庭，每天都沉浸在英语环境中。但是，我认为她同样需要系统地学习英语知识，这样才能为以后更深入地学习英语打好基础。新诺是基于阅读来教学的，在引导孩子阅读前，老师会先系统地教孩子学习自然拼读。因此，在我女儿 3 岁左右的时候，我就让她到新诺校区跟着老师学习自然拼读。学习了一段时间后，她的阅读能力得到了明显的提高。如今，4 岁的她，阅读量已经达到上百本英文绘本。

↘ 什么是自然拼读

在传统的英语学习过程中，认读单词是通过音标来实现的，但是这种方式存在一定的弊端。当孩子在阅读中遇到生词时，如果给出了音标，孩子就能够照着音标将单词读出来；如果没有给出音标，孩子就不会读了。

随着孩子不断成长，阅读量越来越大，需要认读的单词也越来越多，越来越复杂，如果孩子一直依赖音标来认读单词，势必会影响阅读的流畅性。那么，有没有一种方式能够有效地帮助孩子快速认读单词、提高阅读能力呢？

在英美国家，孩子认读单词不是通过音标来实现的，而是通过自然拼读。所谓自然拼读，是指通过建立字母或字母组合与发音之间的对应关系，把单词按照一定的音形对应规则拼读出来。

汉字是表意文字，字形与拼音之间没有直接的关系。而英语是表音文字，单词中的字母或字母组合可以直接、自然地表示发音。在英语中，有不少复杂的语音现象，每个字母都有一个或多个发音，但是这些字母或字母组合在单词中的发音是有规律可循的。

例如，元音字母 a，在重读闭音节（以辅音结尾的单词）中一般发短元音 /æ/，如 bad/dad/cat/hat；在重读开音节（以元音结尾的单词）中一般发 /ei/，如 plane/wake/radio；在 w/wh 后多数情况下发 /ɔ/，如 want/wash/watch。

自然拼读规律就是对这些发音规律的总结。自然拼读的最大优点就在于：它能够把复杂的发音按照一定的规律进行总结归纳，把英文字母与发音直接联系起来，帮助孩子摆脱对音标的依赖，使孩子能够更快速准确地认读单词。

在英语中，有 80% 左右的单词都符合一定的发音规则，只要孩子掌握了这些发音规则，并加以练习，不需要借助音标就能读出大部分的英文单词，真正达到见词能读、听词能写的学习目标。

学习自然拼读是提升阅读能力和培养英语思维的第一步。自然拼读通过建立读音和字形之间的联系，能够有效提高孩子对英语单词的识别能力，帮助孩子实现无障碍阅读。在现代英语学习中，自然拼读应该成为每个孩子必备的技能。

➘ 怎样学习自然拼读

自然拼读是读写能力实现跨越式进步的基础。如果把单词中的字母或字母组合比作一个个密码，那么自然拼读规律就是帮助孩子破解这些密码的有效工具。掌握了自然拼读规律，孩子就能轻松读出每一个单词。

那么，怎样才能让孩子更好地掌握自然拼读呢？

学习自然拼读一定要在孩子有了一定的听力积累后再开始，一般在 6 岁左右。因为自然拼读规律是以单词为基础的，没有一定的词汇积累，孩子就只能进行抽象的学习，无法更深入地理解自然拼读规律。一般来说，孩子在学习自然拼读前，要先掌握 3000 个听力词汇。

在积累了一定的听力词汇量后，孩子就可以开始系统地学习自然拼读了。具体来说，孩子可以按照以下步骤来进行学习。

第一步是学习字母在单词中的发音。在 26 个英文字母中，每个字母不仅有自己的字母名，还有自己的字母音。字母名是指字母本身的发音，字母音是指字母在单词中的发音。比如，b 这个字母的字母名为 /bi:/，字母音为 /b/。孩子不必先学习字母名，而应该直接学习字母在单词中的发音，这是自然拼读的核心。

第二步是学习辅音和元音在单词中的各种组合。比如，在单音节单词中，单辅音和单元音之间的组合，如 dog/pig/hat；在双音节或多音节单词中，辅音和元音之间的组合，如 pa-per/Fri-day/a-gree。

第三步是学习辅音字母和元音字母组合的发音规则。比如，元音字母 o，在开音节中一般读作 /əu/，如 no，在闭音节中一般读作 /ɒ/，如 not；辅音字母 b，在 m 后或 t 之前不发音，如 climb/doubt。

第四步是学习一些不规则的发音组合。在英语中有一些单词发音是没有规律的，无法归纳整合到自然拼读规律中，如 and/away/come/big 等，共有 200 多个，这类词需要引导孩子进行单独学习。

需要注意的是，自然拼读是一种专业性较强的教学方法，对于大多数家长来说，他们并不了解自然拼读规律，因此没有能力教孩子。在这种情况下，自然拼读的学习最好采取老师讲解和家长引导相结合的方式。

专业老师能够全面系统地为孩子讲解自然拼读规律，为孩子的读写打下一个良好的基础。在自然拼读教学中，老师会先教孩子认读 26 个字母，包括大小写和发音，还会进行不同的字母组合训练，确保孩子的听说读写能够得到全面均衡的发展。孩子学会字母及字母组合的发音规律后，就能够进行单音节及多音节单词的拼读及书写。

在教学方式上，新诺的老师一般会采用简单有趣的方式，而不是枯燥地进行讲解。通过丰富多彩的自然拼读教具和 108 种拼读游戏，充分调动孩子的学习热情，激发孩子的学习兴趣，将原本枯燥的识字训练变得灵动有趣，使学生很自然的就可以见词能读、听音能写。

除了跟随老师进行系统的学习，家长也要善于引导孩子，帮助孩子巩固已经学到的自然拼读规律。

家长引导孩子学习自然拼读的方法主要有 4 种：一是将拼读学习和英文歌曲结合在一起，让孩子通过听歌自然地学会歌曲中不断出现的具有相同拼读规律的单词；二是为孩子选择一些适合他们的读物，如《外研社丽声拼读故事会》；三是让孩子看一些自然拼读教学片，如 *Between the Lions*

(《我们一家都是狮》)、*Leap Frog*(《跳跳蛙》)；四是为孩子提供大量的音频故事，让孩子通过大量听巩固自然拼读。

总而言之，学习自然拼读，前期先积累听力词汇，然后再系统地学习自然拼读规则，最终才能提升阅读流利度和阅读理解能力。孩子系统地学习一两年的自然拼读，阅读能力就会得到极大的提高，英语学习就能实现质的飞跃。

三、运用 KWL 表格提升阅读力

阅读对孩子具有非常重要的影响。通过大量阅读，孩子获取更多的新知识，开拓新视野和新思维，从而更好地认识社会。

但是，在英语教育上，父母常常会有这样的困扰：孩子缺乏阅读的主动性，阅读能力较弱，理解能力较差，当前的阅读能力完全无法实现大量阅读的目标。

那么，有没有一种有效的方式或工具可以提升孩子的阅读能力呢?

在教育教学中，我主要是运用 KWL 表格来帮助孩子进行阅读的。所谓 KWL，是指“Know”“Want”“Learned”三个词首字母的缩写。Know，即关于主题我已经知道了什么；Want，即关于主题我想知道什么；Learned，即关于主题我学到了什么。

表 10-5　KWL 表格

Topic________________		
What I Know	What I Want to Know	What I Learned

KWL 表格是一种训练孩子思维能力和阅读能力的工具，能够有效地指导孩子阅读。KWL 表格的重要作用就在于，引导孩子从原有知识出发，不断提出新问题，不断探索新知识。

初步了解了 KWL 表格之后，我们再来具体看一下它是如何帮助孩子拓展新思维、提升阅读力的。

➘ KWL 表格第一栏：What I Know

在第一栏中，我会先引导孩子回顾自己之前已经掌握的知识，引导孩子将跟主题相关的自己能想到的所有信息都记录在第一栏中。

需要注意的是，在这个过程中，如果孩子填入了错误的信息，家长不必急于纠正，而是可以向孩子提出疑问，让孩子对有疑问的信息做出重点标记。当孩子阅读完文章后，自然能够发现错误，并做出修正。若文章中没有涉及这个问题，这时家长再告诉孩子正确的信息即可。

从已经掌握的知识入手，能够降低阅读难度和思考难度，消除孩子对阅读的抵触感。同时这些已知信息还能够激发孩子的阅读兴趣。因此，在阅读一个新的主题之前，家长先引导孩子回顾与主题相关的已知信息，是帮助孩子进行英语阅读的关键一步。

例如，孩子在阅读一篇介绍猴子的英语文章之前，家长可以先让孩子在第一栏中用英文写出自己已知的信息，如下。

1. Monkeys have big eyes. 猴子有大大的眼睛。

2. Monkeys have long tail. 猴子的尾巴很长。

3. Monkeys have yellow hair. 猴子有黄色的毛发。

4. Monkeys like bananas and peaches. 猴子喜欢吃香蕉和桃子。

5. Monkeys are very smart. 猴子很聪明。

……

当然，如果某个已知信息的单词，孩子还没有学过，也可以先用中文写下来，然后从之后的阅读中找出对应的英文表达。

要帮助孩子建立阅读自信，在阅读前引导孩子回顾已知信息是必不可少的环节。这些已知信息实际上就是孩子在阅读前需要了解的背景知识。先建立背景知识，再进行阅读，孩子的理解能力和阅读能力自然就会提升。

↘ KWL 表格第二栏：What I Want to Know

在第一栏中，孩子已经将已知信息都列出了。在第二栏中，我会引导孩子就相关主题提出一些自己还想知道的问题。这样一来，孩子阅读的直接目的就是找出这些问题的答案。

在阅读故事类的文章时，我会引导孩子就事件发生的各个要素提出问题，如主人公是谁，发生了什么事，在哪里发生的，什么时候发生的，为什么发生，怎么发生的。这样提问题的方式有助于训练孩子的逻辑思维。

在阅读介绍性的文章时，我会引导孩子就相关主题的特征提出一些问题。

例如，阅读介绍猴子的文章时，孩子可以在第二栏中列出以下自己想知道的问题。

1. What else do monkeys like to eat？猴子还喜欢吃什么？

2. Do monkeys like to sleep in trees？猴子喜欢在树上睡觉吗？

3. How long can a monkey live？猴子可以活多长时间？

4. Are monkeys natural enemies？猴子有天敌吗？

5. What are the common species of monkeys？常见的猴子种类有哪些？

……

第二栏是 KWL 表格中最关键的部分。经常对孩子进行这种训练，能够锻炼孩子提出问题的能力，可以培养孩子成为积极的思考者，同时也能够帮助孩子锻炼批判思维能力。带着问题去阅读，孩子才能明确自己的阅读目标，也就是说才能明确自己想通过阅读学到什么，进而进行高效阅读。

➘ KWL 表格第三栏：What I Learned

第三栏用于记录孩子通过阅读已经学到的知识。阅读完成后，孩子可以对文章进行总结和反思，并将其填入第三栏中，然后与第一栏和第二栏中填入的信息进行对比。

通过与第一栏中的信息进行对比，孩子可以检查一下自己之前掌握的知识是否正确，如果有错误，要及时在第一栏中用不同颜色的笔纠正过来。通过与第二栏中的信息进行对比，孩子能够快速从文章中获取这些问题的答案。

此外，通过阅读，孩子还能够从文章中获得更多自己不了解的新信息和新的英语表达方式，也会形成自己的理解和感悟，这部分内容也要重点填入第三栏中。

例如，通过阅读介绍猴子的文章，孩子能够获得更多关于猴子的知识。除了印证第一栏的信息是否正确、找到第二栏所列问题的答案外，孩子还可以从文章中获得更多关于猴子的信息和英文表达，如猴子的生长繁殖信息、猴子王国中的等级制度、猴子种群分布情况等。

概括来说，KWL 表格通过建立相关背景知识，设立清晰的学习目标，降低阅读难度，引导孩子进行高效阅读。从 K 到 W 再到 L 的过程，就是孩子积累知识、巩固知识、锻炼思维的过程。这样就完成了一个完整的从已知信息出发到获得新知识的闭环。

KWL 表格是一种有效地指导孩子阅读的工具，也是一种探究新知识的思维模式。它既可以运用在对一段文章的阅读上，也可以运用在对整本书的阅读上；它既可以用在英语学习上，也可以用在其他学科的学习上。

KWL 表格可以帮助孩子系统地梳理知识，让孩子像打游戏通关一样爱上阅读。家长要善于运用 KWL 表格来引导孩子阅读，不断对孩子进行相关的思维训练。如此一来，孩子的阅读能力和思维能力都将得到很大的提升，孩子获取新知识的能力也将越来越强。

四、阅读能力进阶的六个阶段

一本英文书，孩子花了比别人多几倍的时间还没读完；读完之后，却不知道这本书在讲什么，也没有从中有所收获；在与他人交流时，没有自己的见解，总是被别人的思路牵着走……

在英语教育中，我们总是会发现孩子存在各种各样的问题，而这些问题归结于一点就是阅读能力太差。

阅读是一种识记、理解、应用、分析、评价和创新的思维过程。通过大量阅读，孩子能够提升自己各方面的能力，形成批判思维。但是，阅读能力的培养并非一朝一夕之事，而是一个循序渐进的过程，需要尽早开始并长期坚持。

我认为，孩子从阅读入门到阅读流畅，需要经历六个阶段。我在教女儿学英语时，是从听说入手的。当她有了一定的听力积累后，我会教她认读一些简单的词汇，然后再教她学习自然拼读。在此基础上，我再开始尝试让她进行自主阅读和自主思考，最终形成批判思维。

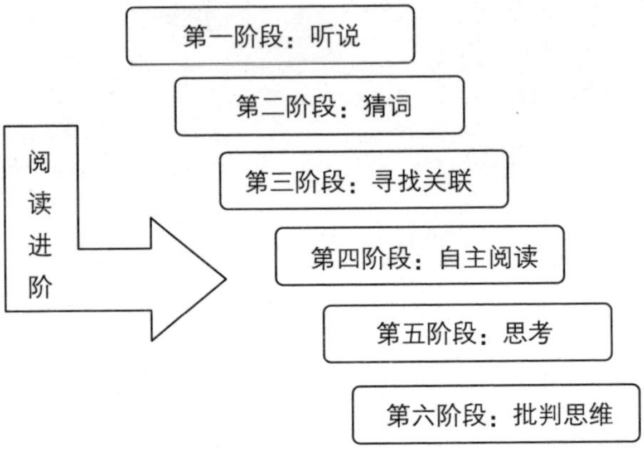

图 10-1　阅读能力进阶的六个阶段

第一阶段：听说

第一阶段是英语启蒙阶段。启蒙做不好，孩子在以后的英语学习中会越来越吃力。这一阶段是孩子的语言敏感期，越早让孩子接触英文绘本越有利于培养孩子的阅读习惯。

在这一阶段，孩子还不具备识字能力，因此听和说是学习重点。家长可以为孩子提供大量的听力输入，磨练孩子的英文耳朵。需要注意的是，这种输入一定要是“可理解性输入”。也就是说，家长不能选择那些超出孩子认知能力的听力材料，而要从最简单的绘本着手。

家长可以每天为孩子朗读绘本。在绘本中，图画占主要篇幅，每页一般只有一个句子，且句式十分简单，还会经常重复出现，比如“I like……”句式，后面可以跟 dog/cat，或其他名词。

父母反复为孩子朗读这一个句式，有助于孩子内化语言。孩子不仅能积累听力词汇，还可以掌握简单的句式。当孩子以后想说自己喜欢什么的时候，就可以直接调用“I like……”句式来表达自己的喜好。

在这个阶段，大量“可理解性输入”是启蒙教育的重点。在输入之后，家长还可以让孩子根据绘本的图画复述听过的句子，加强孩子对句子的记忆和理解。

➘ 第二阶段：猜词

在第二阶段，孩子缺乏词汇积累，还不具备阅读能力，因此在看绘本时可能会时不时猜测单词。

这时孩子就会意识到，相比于看图听故事，阅读是一件更费脑子的事，不仅仅要看字，还要理解，因此孩子就会本能地选择看图，拒绝朗读文本。这时，父母就需要采取一定的方法帮助孩子克服阅读障碍。

在这个阶段，我并没有强迫孩子去阅读，而是教孩子认识一些 Sight Words（视觉词汇），为阅读打好基础。Sight Words 是指孩子阅读初阶的常用字，如 at, and, that, the, he, it, on, she 等，共 220 个。

a	come	has	must	seven	upon
about	could	have	my	shall	us
after	cut	he	myself	she	use
again	did	help	never	show	very
all	do	her	new	sing	walk
always	does	here	no	sit	want
am	done	him	not	six	warm
an	don't	his	now	sleep	was
and	down	hold	of	small	wash
any	draw	hot	off	so	we
are	drink	how	old	some	well
around	eat	hurt	on	soon	went
as	eight	I	once	start	were
ask	every	if	one	stop	what
at	fall	in	only	take	when
ate	far	into	open	tell	where
away	fast	is	or	ten	which
be	find	it	our	that	white
because	first	its	out	thank	who
been	five	jump	over	the	why

before	fly	just	own	their	will
best	for	keep	pick	them	wish
better	found	kind	play	then	with
big	four	know	please	there	work
black	from	laugh	pretty	these	would
blue	full	let	pull	they	write
both	funny	light	put	think	yellow
bring	gave	like	ran	this	yes
brown	get	little	read	those	you
but	give	live	red	three	your
buy	go	long	ride	to	
by	goes	look	right	today	
call	going	made	round	together	
can	good	make	run	too	
came	got	many	said	try	
carry	grow	may	saw	two	
clean	green	me	say	under	
cold	had	much	see	up	

图 10-2　Sight Words

Sight Words 是阅读的拐杖。在英语启蒙读物中，Sight Words 大约占总字数的 75%，孩子学会了这些词，才能进行流畅的阅读。

对于这些词，家长必须帮助孩子进行记忆，保证孩子见词能读，而不用语音技巧的辅助。为了加强孩子的记忆，家长可以把这些视觉词汇写在彩色卡片上，时不时地让孩子翻看。

第三阶段：寻找关联

在第三阶段，孩子学习了 Sight Words 后，家长应该让孩子熟悉字母与发音的关系，以帮助孩子更好地进行阅读。

在这个阶段，家长可以让孩子学习自然拼读法以掌握英语拼读规律，学习基本的发音规则与拼读技巧，提升认读能力，从而达到看到单词就会读、听到单词就会拼的效果。

需要注意的是，在这一阶段，家长要帮助孩子避免陷入阅读瓶颈。如果盲目地让孩子从阅读故事绘本进入章节阅读，难度大幅提升，这样会打击孩子的阅读兴趣，不利于孩子对英语学习的长期坚持。

在流畅的阅读中，孩子才能建立阅读自信。因此，在这一阶段，父母一定要帮孩子挑选篇幅较短、句式较简单的绘本，保证孩子能够流畅地读下去。一般来说，一本英文读物中孩子不认识的词不能超过10%。

此外，孩子在阅读一本读物时至少要读三遍：第一遍朗读，学习单词、句式；第二遍默读，理解故事情节；第三遍再次朗读，使阅读更加流畅。

➘ 第四阶段：自主阅读

在第四阶段，孩子的阅读能力会逐渐提高，好奇心也会越来越强。阅读已经成为孩子获取知识、了解世界的窗口。

在这个阶段，家长可以让孩子接触不同学科领域的文章，不断扩展孩子的泛读体系，丰富孩子语言表述的内容。但是，泛读并不是没有选择的、盲目的阅读，父母为孩子选择的泛读材料最好在孩子的认知范围内，这样才容易引起孩子的共鸣。

在选择泛读文章时，家长可以和孩子一起探讨，结合孩子的兴趣点，让孩子有重点的、高效率的进行阅读。比如，家长可以为孩子选择与生活联系较为密切的读物，或是关于小动物的读物，等等。

泛读可以培养孩子成为独立的学习者。孩子要想成为熟练的读者，就必须强化自己的泛读能力。既然是泛读，让孩子轻松阅读即可，不必过于纠结细节。在进行泛读训练时，只需把握住两个重点：一是理解完整句子的意思；二是积累有趣的表达方式，学以致用。

第五阶段：思考

在第五阶段，孩子基本已经能主动阅读各种类型的英文读物。此时，孩子不再只关注阅读文本的字面意义，而是开始进行独立思考，甚至可以提出疑问。对于文章中的一些观点，孩子也能够提炼出来，与他人进行讨论，表述自己的看法。

当然，要使孩子的思考能力得到进一步提高，父母还需要采取一定的方法对孩子进行训练。一个绘本故事读完以后，父母可以提出问题来引导孩子思考，比如让孩子告诉我们故事里发生了什么，让孩子按照时间顺序把故事框架阐述出来，问问孩子通过阅读这个故事联想到了什么或获得了什么样的启示。

第六阶段：批判思维

到第六阶段，孩子已经进入了阅读的高级阶段，成为熟练的阅读者。经过前五个阶段的阅读积累，孩子已经成为具有批判性思维的阅读者。在这一阶段，孩子能够根据自己的阅读需要，综合运用精读、泛读等阅读策略，实现阅读目的。

具有批判性思维的孩子，能够更好地进行独立思考，更加客观地看待问题，更加理智地进行判断。在阅读英文读物时，孩子也能够避免浅层阅读，进行深入阅读，理解故事背后隐藏的意义。

总而言之，孩子阅读能力的提升是一个循序渐进的过程。在启蒙阶段，家长要以培养孩子的兴趣为主，为孩子朗读绘本故事，或是进行亲子共读。当孩子进入幼儿园的学习阶段，具备了一定的阅读基础后，家长就可以鼓励孩子进行自主阅读，然后随着孩子的成长逐渐提高阅读难度。

第十一章
重点击破，形成英语思维

英语主要由三个要素组成：语音、词汇、语法。这三个要素在英语学习中分别起着不同的作用。只有全面掌握这三部分内容，才能让孩子真正地形成英语思维，让孩子像说母语一样自然流利地说英语。

英语作为一门语言，主要目的是交流，因此掌握标准的语音语调非常重要；词汇则是构成句子的基本单位，是孩子学习英语的基础；语法作为一种语言规则，是判断英语句子是否正确的标准，学好语法能够使孩子的英语表达更加精准。要提高孩子的英语水平，家长就要引导孩子从这三个方面进行全面学习。

一、语音篇：三步突破口语瓶颈

语言存在的意义是表达感情，相互交流，而不是用于考试。然而，当前我国的英语教学仍然以读写为主，而忽视听说能力的培养，这导致很多孩子陷入了“哑巴英语”的尴尬境地，听不懂，也不会说，即使说了也可能出错。

英语是一门用于交流的语言。在交流中，孩子要想准确地表达出自己的情感，就必须提高自己的口语水平，而语音语调是判断口语水平高低的一个重要标准。

什么是语音语调？语音是指实际发出来的音，不同地区人的说话习惯不同，发音也会有所不同，因此英语有英音和美音之别。语调是指说话的节奏或韵律，包括重音、连读、弱读、停顿、升降调等，语调不同表达出的意思就不同。

语音语调对口语表达具有非常重要的影响。如果孩子具有较强的语音能力，就能够更准确地向他人传达出自己的意思。如果孩子发音不准，就会影响听说的准确性，在交流时可能会闹出笑话，甚至给自己带来麻烦。

刚上中学时，我的口语水平很差，发音也不标准。因为怕被同学和老师嘲笑，所以我从来不敢在课堂上开口说英语。那时候的我是一个极度没有自信的人。为了提升口语水平，暑假放假回家后，我坚持一边放牛一边读英语。同时，我还每天坚持听英文卡带，并不断模仿、不断跟读。经过一段时间的努力，我的英语口语水平得到了很大的提高。

语音语调的培养并非一朝一夕之事，需要付出大量的时间和精力。要帮助孩子突破口语瓶颈，让孩子能够说一口地道的英语，家长就要引导孩子循序渐进地进行。

第一步：反复听

先有地道的语言输入，才有纯正的语言输出。要想让孩子说一口地道的英语，家长就要先为孩子提供大量的听力材料输入。家长可以为孩子选择一些英文原版听力材料，确保输入的内容是纯正地道的。

启蒙阶段，以无意识的听力输入为主。在幼儿阶段，孩子的思维意识还不健全，家长要以培养兴趣为主，不必让孩子刻意练习，可以不断重复地让孩子听英文歌、看英文动画片，为之后的听力输入打好基础。

当步入小学阶段后，孩子已经具备了一定的思维意识，并且有了一定的听力积累，此时家长应该引导孩子进行有意识的听力练习，突破语音语调的瓶颈。在听录音材料时，家长可以引导孩子听 6 遍录音，并且边听边在录音材料原文上做好标记，方便日后练习。

第一遍，只需要静静地听即可，从整体上感受一下语音语调的变化。

第二遍，根据录音将单词的重音标记出来。需要注意的是，单词在不同的语境中，含义会有所不同，重音也会有所不同，因此不能因为之前学过这个单词就不重视了，家长一定要引导孩子认真感知单词在具体语境中的读法。

第三遍，根据录音将句子的重音标记出来。很多孩子在读英语时，因为不知道句子的重音在哪里，所以会将每个单词都清晰地读出来，但是英美国家的人并不会这样说话。一般来说，句子中强调的部分为句子的重心，应该重读，其他部分轻读即可。

第四遍，根据录音将句子中弱读的地方标记出来。在一个句子中，有的音会被弱化掉，这些地方需要孩子认真感知。比如，单词 and 正常发音为 /ænd/，但是在口语中通常会弱读为 /ən/，有时甚至只发成简单的鼻音 /n/。

第五遍，注意句子中的连读现象，并将连读的地方在原材料中标记出来。在英语口语中，连读现象非常普遍，孩子学会连读是说一口地道英语的前提。比如，“not at all”在英语口语中就需要连读，而不是将每个单词都清晰地读出来。此外，连读是有规律的，通过听录音、做标记，家长可以帮助孩子一起总结连读规律。

第六遍，注意不同句型的语调变化。英语有升调、降调、平调之分。一般来说，升调用于一般疑问句，降调用于陈述句，平调用于直接引语。在听录音时，孩子要特别注意不同句子的升降调变化情况。

➘ 第二步：勤模仿

第一步主要是听录音、做标记，并不强调跟读。第一步工作做好以后，孩子的语音练习就可以进入模仿阶段了。

模仿不是盲目的，而是要一步一步地进行。对于一段录音，家长可以让孩子分三步来进行模仿。

第一步是进行词组模仿，练习口语不能一上来就模仿整段录音，这样容易忽视读音细节，而要先一个词组一个词组的进行模仿。

第二步是进行句子模仿，确保孩子能将每一句的语音语调模仿到位，重读、连读、升调、降调等各个方面都要注意。

第三步是进行段落模仿，当孩子把每句话都模仿到位后，可以让其进行段落模仿，让孩子从整体上把握句子与句子之间的衔接，提高口语的流利度。

此外，在模仿时还要坚持一个原则：大声模仿，而不是小声嘟囔。刚开始模仿时，语速可以放慢一些，不求快只求准，确保把每个音都模仿到位。等孩子把音发准了以后，再适当地加快速度，用正常语速多模仿几遍，直到达到不用想就能脱口而出的程度。

语言模仿是孩子学习规范语言、提高自身语言能力的一种重要方式。学习一门语言不是在短时间内就能完成的事情，而是一场持久战，需要持之以恒地坚持下去。想要练就纯正的英语发音，家长就要善于引导孩子长期坚持语言模仿。

第三步：大量读

练习口语一定要读起来，并且要大声读、大量读。朗读可以刺激孩子的听觉器官，不仅能够提高口语水平，还能提高听力水平。

模仿完成后，家长可以让孩子脱离录音材料，进行大量朗读。朗读也可以说是第二次模仿，大量朗读是为了固化正确的英语发音，同时也能够训练发音部位，使口腔肌肉充分活动起来，提高口腔肌肉的反应速度，让发音器官更适用于英语发音。

大量朗读要求孩子不能只是重复朗读录音材料，家长还要为孩子提供大量与录音材料难度相当的朗读材料。在朗读中，要引导孩子注意在第一步中学到的读音要点，有意识地用重音、节奏、语调的变化将所要朗读文章的感情表达出来。

在孩子大声朗读时，家长要注意作比较。如果孩子的朗读和录音差距很大，家长就要引导孩子重新去听录音材料，认真分析发音不标准的地方，然后再对这些地方进行反复模仿、反复练习，一直到发音标准为止。当然，家长也可以在孩子朗读时将声音录下来，让孩子自己去发现自己读得不好的地方。

需要特别注意的是，语音语调一定要从小培养。孩子长大后，发音器官就会固化，此时再纠正语音语调就很难了。很多人在用英语交流时，总是会带入一些汉语的发音习惯或者地方口音，就是因为小时候没有注重语音语调的培养。

语音语调之于英语，就像阳光之于花朵。对于一门用于交流的语言，没有什么比正确的语音语调更重要了。纯正的语音语调是可以训练出来的，家长要引导孩子不断进行有意识的听力练习。一旦孩子掌握了正确的学习方法，就能够把握住英语的节奏，提高自己的听说能力，突破“哑巴英语”的困境。

二、词汇篇：多法并用巧记单词

词汇是英语学习的基石，只有基石稳固了，孩子在之后的英语学习中才能顺利。然而，在英语学习中，很多孩子在背单词时都陷入了死循环，背了忘，忘了背，背了又忘……久而久之，就失去了学习英语的热情。

孩子在幼儿阶段，思维还没有完全建立起来，一般父母怎么教，孩子就怎么学。父母如果采用了错误的教育方法，只是让孩子机械地背单词，而不用高效有趣的方法加以引导，就会加重孩子的学习负担，使学习效果大打折扣。新诺注重兴趣教学法，会通过多种有趣的方法，让孩子在娱乐中轻松记忆单词，如故事串联法、思维导图法。

故事串联法

故事串联法，顾名思义就是将不同的单词用故事的形式串联起来，使之成为一个有条理、充满想象的故事。

故事串联法可以生动形象地帮助孩子记忆单词。相比机械地背单词，几乎每个小孩子都会对小故事更感兴趣。因此，家长可以把孩子要记的单词，连贯成一个小故事，来帮助孩子记忆单词。

当孩子再看到这些单词时，一个有趣的故事就快速地浮现在孩子的脑海中，孩子就能够依据故事来回想起那些要记忆的信息元素。同时，这些小故事还可以锻炼孩子的逻辑思维能力。

需要注意的是，孩子年幼时，理解力和记忆力有限，家长在将单词串联成故事时，不宜复杂，而应坚持简单原则。情节过多的故事，不仅无法帮助孩子有效地记忆单词，还会增加记忆难度，对孩子目标词汇的记忆造成干扰。

故事串联法最适用于记忆一些具有独特特点的单词，如形近词。由于形近词有很大的相似性，孩子在记忆这类单词时可能会出现混乱，这时就需要借助故事串联法，按照一定的逻辑，把这些相近的单词串联起来，帮助孩子记忆。

故事串联法第一组：猫和老鼠。

形近词：rat（老鼠），fat（肥胖），vat（缸），salt（盐），bat（蝙蝠），cat（猫），hat（帽子），mat（垫子）。

串联成小故事：有一个rat（老鼠），非常的fat（肥胖），跳进了vat（缸），偷吃了salt（盐），变成了bat（蝙蝠），气坏了cat（猫），咬破了hat（帽子），当成了mat（垫子）。

故事串联法第二组：马戏团的鹦鹉。

形近词：age（年纪），language（语言），manage（经营），wage（薪水），rage（发怒），cage（笼子）。

串联成小故事：马戏团的鹦鹉，一岁的age（年纪），会说人的language（语言），头脑很懂manage（经营），要求增加wage（薪水），惹得老板rage（发怒），被老板关进了cage（笼子）。

故事串联法第三组：看星星。

形近词：clear（晴朗），car（车），park（公园），star（星星）。

串联成小故事：晚上天气 clear（晴朗），小明开着自己的 car（车），去附近的 park（公园），看美丽的 star（星星）。

故事串联法第四组：天上掉馅饼。

形近词：lie（躺着），pie（馅饼），tie（领带）。

串联成小故事：有个小乞丐，在大街上 lie（躺着），戴着捡来的 tie（领带），吃着天上掉下的 pie（馅饼）。

把单词汇编成一个个一句话小故事，用故事情节串联起来，这种背诵记忆单词的方法简单有趣，更有利于孩子的记忆。

在幼儿阶段，家长可以将孩子不易记住的单词编成一句话小故事，引导孩子学习。随着孩子的成长，孩子的思维逻辑会更加完善，这时家长不妨让孩子自己探寻单词之间的逻辑关系，让孩子试着自己去串联小故事。

思维导图法

思维导图是一种可视化的工具。家长将单词通过思维导图的方式呈现出来，能够更好地帮助孩子理解和记忆。

单词并非是一个独立的个体，单词与单词之间有着密切的联系。家长可以按照一定的分类方法，将具有关联性的单词用思维导图呈现出来。通过思维导图，孩子能够更加清晰地认识到单词与单词之间的联系，从而帮助孩子加深记忆。

任何单词都可以通过思维导图进行归类记忆。比如按常见的食物、动物、颜色、地点、天气等进行分类，或者按照语法规则进行分类。思维导图的分类归纳能力很强，家长可以充分利用这一特点，帮助孩子记忆单词。

下面，我们以 weather 和 face 为例，来看一下思维导图中所呈现的单词。

1. 以 weather 为中心整理出的单词

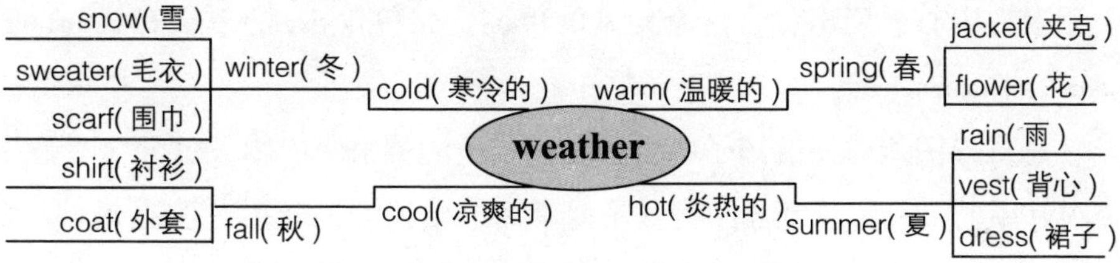

图 11-1　以 weather 为中心的单词

这个思维导图以 weather 为中心，进而引出了不同的天气，如温暖的、炎热的，然后联想到不同的天气对应不同的季节，不同的季节具有不同的特点，人们穿不同的衣服。

2. 以 face 为中心整理出的单词

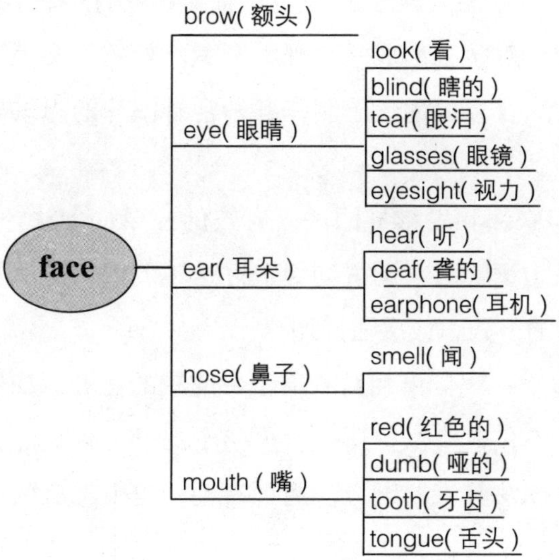

图 11-2　以 face 为中心的单词

这个思维导图以 face 为中心，引出五官，然后按照五官的顺序，从上到下排列，然后再对五官分别进行扩展，列出关联性很强的单词。

思维导图的归类方式多种多样，除以上归类方式外，我们还可以以某个元素为中心，列出包含这个元素的单词，如包含 ear 的单词有 bear/tear/pear/fear/hear/near 等。

思维导图能够发散孩子的思维。在孩子的英语学习中，思维导图是一个很好用的工具。思维导图将孩子要学习的单词都呈现在一张纸上，能够保证孩子思维的连贯性。思考本来就是一个从无到有的过程。通过思维导图，孩子能够发散思维，从没有思路到有思路，再到思路的完善，从而更加高效地记忆单词。

思维导图能够让孩子更好地进行联想。人的大脑本来就在思考的同时想着与之有关联的事物。与发散一样，联想也是动态的过程，思维导图可以帮助孩子把这些联想的东西随时加进去，甚至可以无限度地延伸。

思维导图还可以激发孩子的兴趣。思维导图有各种各样的呈现形式，还可以插入图片，对孩子形成一个视觉刺激。相较于文字，幼儿对图片和色彩更为敏感，家长可以为孩子制作各种常有图片的思维导图，刺激孩子的感官。

除了故事串联法和思维导图法，有效的记单词方法还有拆字记忆法、谐音记忆法、联想记忆法、词根词缀记忆法等。家长可以根据自己孩子的特点，采用不用的方式，或多法并用。

在英语学习中，记忆单词是一项不可或缺的任务。如果靠死记硬背的方式记忆单词，不仅效率低，还会磨灭孩子的学习兴趣。相比之下，故事串联法和思维导图法等记单词方法更加有趣，也更加有效，能够帮助孩子摆脱“背了就忘”的困扰。

三、语法篇：探寻规律巧学语法

“打开课本，今天我们学习一般过去时。一般过去时就是指在过去某个时间里发生的动作或状态，也可以表示……”

在教孩子学习语法时，这是很多老师或家长的开场白。这种按照语法书按部就班讲解的方式，看似简单直白，实际上枯燥乏味，只会让孩子一头雾水，摸不着头脑，时间久了还会让孩子产生厌烦情绪。

上中学时，我的英语老师在教我们学习语法时，就避开了这种教学方式。他常常以某个情景为切入点，进而再引出情景中涉及的语法知识，然后还会对语法知识进行归类整理，方便我们理解和记忆，这给我日后的英语学习打下了良好的基础。

➘ 孩子要不要学语法

在英语教育中，父母常常会有这样的疑问：小孩子要不要学语法？什么时候开始学？

有一种观点认为，语法是不需要专门进行系统学习的，只需要大量输入，就能形成语感，使语法自然内化。

我认为，这种说法是不对的。即使英语是第一母语的英美孩子，也需要学习语法。在他们的课本中，详细地列举了学生需要掌握的语法知识点，包括词性、单复数、时态、句法结构等，为学生构建的是一个十分完整的语法体系。

英语为母语的人都必须学习语法，那么对中国孩子来说，学习语法就变得更为必要了。

世界上任何事物都是遵循一定的法则而存在的，英语也不例外。所谓语法，就是总结归纳出来的语言规则，比如现在完成进行时应该用“have been doing”，情态动词后面应该用动词原形。

语法是一个知识体系的架构，是语言的主要支柱。一个人的语法功底决定着输出语言的质量。若不系统学习语法，孩子就很难持续地进行高质量的输出。可以说，语法制约着孩子听说读写能力的全面提升。

1. 对阅读的影响

孩子对文章的句法结构了解得越深刻，在阅读文章时也就越顺畅。如果缺乏语法知识，孩子在以后接触到结构较为复杂的句子时就会理解起来很困难，出现“每个单词都认识，但句子就是读不懂”的情况。

2. 对写作的影响

语法的作用之一就是规范书写。语法基础较好的孩子，在写作时就不容易出错。如果没有系统学习过语法，那么孩子写出的文章一定会出现语法错误，小到标点符号、大小写，大到时态和句式。

3. 对口语的影响

语言是一种交流工具。孩子的交流能力也建立在掌握语法规则的基础之上。很多孩子不敢开口说英语，其中一个很重要的原因就是因为语法基础不好。一个语法基础较弱的孩子，在用英语交流时，无法把词汇正确地连接成句子，因而也很难向他人清楚地表达自己的想法。因此，语法是一定要学的，但是什么时候开始学呢？

启蒙阶段一定不要学，而要等孩子思维认知达到一定水平、具备了一定的逻辑思维能力、积累了英语语素之后，再让孩子去学习语法。一般要到小学三四年级。

启蒙阶段，孩子的逻辑思维还没有建立，在这个阶段让孩子学习语法，不仅不会有效果，还会削弱孩子对学英语的兴趣。在这个阶段，家长一定不要给孩子刻意强调语法。

启蒙阶段的英语学习应该以听和阅读为主，给孩子大量输入一些语言材料，让孩子从这些语言中自然地获取一些简单的语言规律。例如，孩子在读绘本时，经常会看到一个苹果的英文是“an apple”，两个苹果的英文是“two apples”，这时我们不必为孩子讲解什么是单复数，只要通过一个物品和多个物品的对比，让孩子感受到名词后面加个“s”意味着什么即可。

步入小学阶段后，孩子已经有了一定的阅读积累，也具备了一定的逻辑思维，能够理解什么是主谓宾，这时再学习语法就比较得心应手了。在这个阶段，家长可以循序渐进地给孩子灌输一些语法规则。

➘ 怎样教孩子学语法

我们已经了解了语法对孩子英语学习的重要性，那么，孩子应该怎样学习语法呢？

孩子学习语法一定要有方法，不能生搬硬套，家长也不能一上来就干巴巴地给孩子讲定义和句法结构。这种枯燥乏味的讲解方式极易引起孩子的反感，也不利于孩子对语法知识的理解和吸收。

我们在教孩子学习语法时，要避免这种生硬的切入方式，可以采用情景教学法，即以某个场景或话题为切入点，先建立孩子的学习兴趣，然后自然地引出语法知识。

在具体的语法教学中，我们还可以对语法知识进行归类总结，并结合例句给孩子讲解语法规律，如时态规律、语态规律、所有格规律等，让孩子对语法知识形成一个系统的认识。

例如，英语时态一般分为过去时、现在时、将来时，表示行为发生的时间和说话时的关系。在给孩子讲解时态规律时，我们可以将各种时态进行归类整理，然后用一个表格呈现出来，让孩子能够直观地看到各个时态的区别和联系，如表 11-1 所示。

表 11-1　英语时态变化规律表

时态	一般	进行	完成	完成进行
现在	do/does	am/is/are doing	have/has done	have/has been doing
过去	did	was/were doing	had done	had been doing
将来	will/shall do	will/shall be doing	will/shall have done	will/shall have been doing
过去将来	would/should do	would/should be doing	would/should have been done	would/should have been doing

此外，为了加强孩子的记忆，家长还可以教孩子背诵一些语法口诀。语法口诀能够将复杂细碎的语法知识化繁为简、化零为整，且朗朗上口，像诗歌一样充满韵律感，既能激起孩子的兴趣，又能加深孩子对语法知识的理解和记忆。

1. be 动词用法口诀

我用 am，你用 are，is 连着他、她、它；单数名词用 is，复数名词全用 are；变疑问，往前提，句末问号莫丢弃；变否定，更容易，be 后 not 加上去；还有一条须注意，句首大写莫忘记。

2. 冠词用法口诀

名词是秃子，常要戴帽子；可数名词单，须用 a 或 an，辅音前用 a，an 在元音前；若为特指时，则须用定冠；复数不可数，泛指 the 不见，碰到代词时，冠词均不现。

3. 时间名词前介词用法口诀

年月周前要用 in，日子前面却不行；遇到几号要用 on，上午下午又是 in；要说某日上下午，用 on 换 in 才能行；午夜黄昏须用 at，黎明用它也不错；at 也用在明分前，说差可要用上 to；说过只用 past，多说多练牢牢记，莫让岁月空蹉跎。

语法规律和口诀能够帮助孩子快速有效地掌握住语法知识。但是，学语法不能只停留在记住规律和口诀的层面上，更要知道怎么应用。也就是说，在孩子系统地学习了语法规则后，家长或老师还要引导孩子回归到阅读场景或具体语境中，以加深孩子对语法的理解。

概括来说，孩子学习语法的正确思路是：从场景切入，建立学习兴趣→学习语法规律、背诵口诀，对语法形成系统认识→回归阅读场景，加强对语法知识的理解，语法学习就是这样一个循序渐近的过程。

总的来说，孩子在幼儿阶段不必刻意地去学习语法，但是随着学习的不断深入，要想学好英语，就必须对语法知识进行系统学习。更重要的是，在语法学习的过程中，孩子不仅要掌握语法规律，更要结合具体语境理解语法规律的含义。

如果把英语看成一座高楼，那么语法就是架起这座高楼的钢筋；如果把英语看成一列火车，那么语法就是让这列火车有序运行的铁轨。坚实的语法基础是孩子英语水平进阶的充分必要条件。我们一定要按照正确的方法教孩子学习语法。有了良好的语法基础，孩子的听说读写能力才能得到全面提升。

第十二章
标准化英语培训机构的选择

很多父母自己说的是“汉式英语”，或者学的是“哑巴英语”，在英语学习上走了很多弯路。为了避免孩子重蹈覆辙，很多父母在孩子幼儿阶段就开始为其选择标准化英语培训机构。但是，市场上的英语培训机构水平参差不齐，如何选择合适的培训机构成为父母的一堂必修课。

一、关于选择培训机构的几点建议

如今，英语学习呈现出低龄化趋势，少儿英语辅导机构更是遍地开花。市场上的英语培训品牌鱼龙混杂，选择一个靠谱、专业的培训机构对孩子学习英语有着重大影响。那么，父母要如何选择培训机构呢？

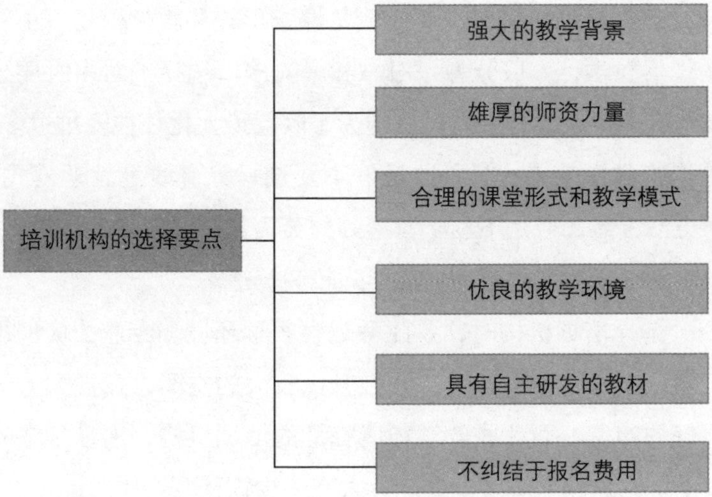

图 12-1　培训机构的选择要点

第一，选择的培训机构最好具有强大的教学背景。高品质的英语培训需要大量的专业化投入，如师资、课程研发、教材、教学地点、资金等。在为孩子挑选培训机构的时候，父母最好对机构的相关背景做充分了解，选择具有强大教学背景的教学机构。创业初，为了把新诺打造成一家最适合中国孩子的英语培训机构，我邀请业内专业教研、市场、运营团队沉下心来打磨制定适合中国孩子的教学体系，采用班级互动的模式，结合中国老师和外国老师各自优点设置课程环节。我相信我用心打磨的产品一定能够帮助到更多有需求的孩子。

第二，选择培训机构时，要了解清楚其师资力量。很多培训机构为了迷惑消费者，请了大量的外教。从表面上看，这些外教一个个金发碧眼，其实他可能是刚刚学了几年英语的西班牙人，也可能是连大学都没有读过的外国人。在选择培训机构时，不能只看外教数量，更要看外教资质。新诺的外教都有丰富的教学经验，都是以英语为母语的，并且都具有国际官方认证的 TESOL/TEFL 英语教学资格证书等。

第三，选择培训机构时，要弄清楚课堂形式和教学模式。不管是线上教学还是线下教学，一般分为一对一和一对多。选择一对多时要了解清楚一个班大约有多少人，有些教育机构为了收益最大化往往安排过多的学生，这会严重影响教学效果。另外，最好不要选择只有线上教学模式的机构，线上教学虽然方便，但是不利于营造好的英语氛围。对少儿英语教育来说，以线下教学为主，线上教学为辅的形式较为合适。

第四，选择培训机构时，要注意观察教学环境。专业的培训机构在校区环境上整齐干净、窗明几净，并且有比较大的空间，在视觉上给孩子和父母留下好的印象。而那些教学环境脏乱的培训机构，连最基本的卫生问题都解决不了，在教学质量上又能让人有多少期待呢？

关于如何判断教学环境的好坏，父母可以根据以下几点来做出判断：

一般优质的培训机构都会设有奖品礼物兑换展柜，可以看一看里面的小物件是否摆放整齐，种类是否多样；另外，可以看看实用性的设备是否齐全，如书报、POS 机、打印机等。还可以看看校区内是否张贴相关活动剪影、海报、光荣榜等，注重细节的培训机构往往实力更强；最关键的是，可以留意下教室的数量，以及桌椅的摆放是否有着一定规律且有点陈旧，如果是崭新的往往意味着利用率不高，即课程设置少。

第五，选择的培训机构最好有自主研发的能力。一本好的教材可以帮助孩子更好地理解英语，是孩子学好英语的必要条件。有些教育机构在销售课程时将国际原版教材作为卖点，用“与国际接轨，扩展孩子的国际视野”为说辞。国际原版教材是不错，但是教学落地需要二次研发和强大的培训和管理能力。一家好的教育机构必然要有自主研发的能力，根据中国孩子英语教育的特点对原版教材进行改进或者自己编写，注重孩子的适配度。

第六，选择培训机构时，不要过分纠结于报名费用。价格低廉的机构必然在教学服务上跟不上，自然也就很难有好的教学效果。培训机构的定价一般都是公开的，在定价时必然是考虑到了相应的服务，低价高质的服务通常是不存在的。在选择培训机构时一定要搞清楚自己的诉求，不要因促销、优惠而忘记自己本身的需求。

总而言之。父母在选择教育机构时主要有六个方面要注意：一是教育背景要强大，二是师资力量要雄厚，三是课堂形式和教学模式要合理，四是教学环境要优异，五是自主研发的能力要具备，六是不要纠结于报名费用。选择一家好的培训机构能让孩子在英语学习上少走弯路，并能享受英语学习的过程。

二、关于选择指导老师的几个标准

在少儿英语教学中，老师占据着绝对的主导地位，对孩子的英语学习有着十分重要的影响。老师的素质决定着孩子的学习效果，甚至还会影响孩子的人格，因此，在指导老师的选择上，父母要慎重而严谨。关于指导老师的选择，有几个标准供父母参考。

首先，指导老师要热爱少儿英语，更要爱孩子。这一点是新诺在选择老师时首要考虑的因素。不热爱少儿英语事业的老师不可能在专业上进行钻研，好的指导老师不仅仅是按照教学任务完成授课任务，还要根据孩子的特点调整教学方式。另外，小孩子性格迥异，有的孩子特别调皮，如果不是真正地爱孩子，耐心很容易被磨平。

其次，指导老师需要具有丰富的教学经验。有经验的指导老师往往具备少儿整体发展的训练经验，在孩子学习语言的过程中能够给予多元化的教学，在教学效果方面取得的成绩较好。没有经验的老师面对一群孩子往往会手足无措，不知道如何引导孩子学习语言。此外，经验丰富的老师在活跃课堂气氛、引导孩子学习方面具有优势，能够将学和玩有机地结合在一起，而不是干巴巴地上课。

再次，指导老师在发音上要标准。很多父母觉得为孩子找了个外籍家教，孩子一定能够说一口标准的英语。殊不知，这些外籍家教可能是一位只学了两年英语的法国人。有的父母对外国人严格筛选了，为孩子找了位以英语为母语的美国人做家教，但是就像汉语有普通话、上海话、东北话一样，英语也有口音问题，可能充斥着浓郁的乡村气息。孩子具有很强的模仿能力，一旦学会了再去改变就会很难，因此，为孩子选择一位口音标准的指导老师就显得十分关键。中国老师也有很多受过非常好的英文教育，不必过分纠结是否金发碧眼，爱孩子，有经验，中外结合是最好的搭配。

最后，选择的指导老师要具有 TESOL 证书。TESOL 证书，即参加 TESOL 课程合格后所取得的证书。它是由 AMERICAN TESOL INSTITUTE 认证和颁发，是对外教教学能力评定标准。

小孩子具有很强的模仿能力，为他们搭建一个英文交流环境，在这个环境下，孩子能够模仿指导老师，用英语与人交流。需要注意的是，选择的指导老师不仅要擅长与孩子相处，而且在教学上要专业。此外，还要考虑选择的指导老师是否能够长期留在本地，频繁更换老师将严重影响孩子的学习效果。